American presidential election as education

神野正史
Masafumi Jinno

教養としてのアメリカ大統領選挙

まえがき

今、国際情勢が悪化の一途を辿《たど》っています。

ウクライナ戦争は泥沼化し、イスラエルでは「第五次中東戦争」の様相を呈し、台湾有事が懸念され、これらの紛争・戦争が連携するようなことにでもなれば、「第三次世界大戦」ひいては「第一次核世界大戦」へと発展するのではないかと危惧されているような情勢です。

いつの時代においても国際情勢が不安定になるのは、その時代を牽引してきた覇権国家が弱体化したときです。

つまり、現状の国際不安の根底に「合衆国《アメリカ》の弱体化」があるということです。

しかしだからこそ、これからの合衆国《アメリカ》の動向が未来を大きく左右することになりますから、我々はこれを注視していかなければなりません。

そうした意味でも、目前に迫った2024年の合衆国《アメリカ》大統領選挙の動向は日本にとって他《ひ》人《と》事ではありません。


ところで、歴史を学んでいると一定の〝法則〟を見つけ出すことができます。

筆者はそうした歴史法則をいくつも見つけ出して、これまで拙著やYouTube動画で歴史解説をしていますが、こうした歴史法則を知っておくと、かなり正確な〝未来予測〟ができるようになります。

筆者はこれまで折に触れ、さまざまな国際情勢の動向を〝予言〟してきましたが、ほとんど外したことがありません。

例を挙げれば枚挙に遑《いとま》ありませんが、もっとも最近の例で言えば「宇《ウクライナ》露《ロシア》戦争」です。

その開戦前において、世界中の著名な有識者《インテリゲンツィア》・分析家《アナリスト》・歴史家・専門家《エキスパート》らが口をそろえて
「もし開戦となれば、キエフなど2日と保《も》たないだろう。

ウクライナは2週間と経ずして降伏することになろう。」

…と大合唱する中、筆者だけは河合塾の教室で、拙著の中で、講演会の壇上で、YouTubeの動画の中で「もし開戦となればかならずロシアが敗ける」と広言していましたが、結果は私の〝予言〟通りに展開しています。

もちろん、筆者にオカルト的〝予知能力〟があるわけでもなければ、その分野における知識がその道の専門家《エキスパート》より多いわけでもありません。

なぜ、世界的に高名な専門家《エキスパート》たちがことごとく外したのに、たかが一介の予備校講師にすぎない筆者だけが、予測を的中させることができたのでしょうか。

それは、逆説的ですが彼らが「専門家《エキスパート》」であるためです。

専門家《エキスパート》というのは、「研究主題《テーマ》を一点《ピンポイント》に絞ってその一点だけを徹底的に考究・分析《アナライズ》し、学問を究《きわ》めんとする人たち」のことですが、この手法は「枝葉末節に囚《とら》われて大局が見えなくな

る」という欠点《デメリット》があります。

彼ら専門家《エキスパート》とは違って、筆者は「世界史」という学問を広範に学んで、そこから歴史的法則性を導き出していきます。

――雫《しずく》の一撥《ひとは》ねを以《もっ》て大河の流れを論ず。

いわば、大河の流れを予測するのに専門家《エキスパート》らは「目の前で撥《は》ねた一滴の雫《しずく》を徹底的に調べあげ」ますが、筆者は「丘の上から広く大河を見渡してその流れを考察し」ます。

大河の流れ（未来予測）を知るのにどちらが相応《ふさわ》しいかは言を俟《ま》ちません。

合衆国《アメリカ》大統領選挙も同じ。

類書を紐解《ひもと》けば、「大統領候補の生い立ちから経歴、所属政党や支持者の詳細な情報から日々刻々と起きる些細《ささい》な出来事に至るまで、あらゆるデータを詳《つまび》らかに列挙しながら大統領選挙を解説・予測」しているものばかりです。

しかし、こうした世に氾濫《はんらん》する解説は他書にお譲りするとして、本書ではそうした〝一撥《ひとは》ねの雫《しずく》〟に囚《とら》われず、〝大河の流れ全体〟を広く見渡すことで大統領選を深掘りしていきたいと思います。

そして、大統領選のみならず、その動きから今後の合衆国《アメリカ》の行末まで見究《きわ》めていくことにいたします。

なお、本書に使用されているイラストは、世界史講座「神野塾」の講義テキストから一部抜粋したものです。このテキストあるいは講義について詳しく知りたい方は、YouTube「神野ちゃんねる」でご確認ください。

2024年 6月

神野正史

第二次大戦後、米ソが覇権を争う時代に突入、「冷戦」という新しい戦争形態を生む

長引く「冷戦」は米ソともに財政を逼迫し、事態打開に向けて「緊張緩和」へ向かう

2度にわたる「冷戦」でソ連は亡び、合衆国もまた「双子の赤字」に悶絶する

第6章　ポスト冷戦

第7章　そして現代

順当であれば、民主党が勝つ選挙。
しかし、バイデンの高齢問題が原則を破る

《第1章》

二大政党制の成立

「連邦派」と「反連邦派」を経て
「共和党」と「民主党」へ

ワシントン大統領の否定した政党政治が合衆国《アメリカ》の基本的な政治姿勢へ

国を知るために歴史を学ぶ

たとえば、ある人の〝為人《ひととなり》〟を知りたいと思ったとき、その人の〝現在の〟地位・肩書や友人関係・評判などについて素行調査しようとも、その人物の〝本質〟に迫ることはできません。

その人の人格形成に重要な役割を果たした家庭環境・親兄弟まで含めて、出生から現在までの〝過去の〟情報を知る必要があります。

同じように、合衆国《アメリカ》の〝本質〟を見究《きわ》めたいと思ったとき、〝現在の〟合衆国《アメリカ》の政治・経済・社会・外交などをどれだけ調べ上げたところで、その本質を理解することはできません。

合衆国《アメリカ》の出自（国民の種姓）・出生（建国背景）から親（イギリス本国）まで遡《さかのぼ》って、その歴史を学ばなければなりません。

歴史視点①

その国の〝本質〟を知りたければ、その国の成り立ち、民族の出自、歴史背景、そこから成り立つ民族性を理解することが〝最初の一歩〟となる。

そこで本章では、アメリカ建国の背景について簡単に俯瞰《ふかん》していきたいと思います。

アメリカ人の出自

よく〝アメリカ人の出自〟として、以下のような都市伝説（＊01）が騙《かた》られます。

――イギリス本国で宗教弾圧を受けた人々《ピューリタン》が自由と平等を求めて海を渡り、新天地にその夢を託《たく》した理想郷を実現しようとした。

（＊01）一般に「事実」のようにまことしやかに出回っている話だが、実際には何の根拠もないデマの類。もっとも「都市伝説」の中にも稀に真実が紛れ込んでいることもあるので注意。

こうした〝宗教的情熱〟に燃えて戦った多くの犠牲と無数の苦難と試練を乗り越えて生まれた国こそ「アメリカ合衆国」であり、その末裔こそが現在のアメリカ人である。

この政府《ホワイトハウス》が垂れ流した〝政治喧伝《プロバガンダ》〟は広く流布され、今でも大真面目で信じている人たちはたいへん多い（＊02）。

たしかにアメリカに移民してきた人々の中には、そういう人たちもいなかったわけではありませんが、それは移民全体から見れば例外的で、そのほとんどは食い詰め浪人・破落戸《ならずもの》・お尋ね者・盗賊・極道といった輩《やから》で占められており（＊03）、彼らの目的は「新大陸での〝一攫千金〟」でした。

現在のアメリカ人、中でもＷＡＳＰ（＊04）と呼ばれる人々はそうした人々の末裔だという事実は、合衆国《アメリカ》という国の本質を理解するうえで重要な要素であり、この事実を踏まえたうえでアメリカの動向を考察した者だけに〝見えてくる〟ものがあります。

しかしながら、こうした史実を語ると、なぜか感情的に反論されることが多い。

感情に流されて史実から目を背《そむ》けているようでは、「アメリカ」という国の本質を理解するうえで〝最初の一歩〟で躓《つまず》いていることになります。

二大政党の萌芽

さて、合衆国《アメリカ》の大統領選挙について知るためには、まず合衆国《アメリカ》の「政党史」について知っておかなければなりません。

合衆国《アメリカ》といえば、今でこそ「共和党《リパブリカン》と民主党《デモクラティック》の二大政党制」という印象《イメージ》が強いですが、建国当初からそうだったわけではなく、まだ初代G《ジョージ》・ワシントン大統領のころには「政党」は存在していませんでした。

ただし、すでにその〝萌芽〟は生まれており、その前身となった「連邦派《フェデラリスト》」と「反連邦派《アンチフェデラリスト》」の対立は始まっています。

まだ独立戦争の真っただ中にあった1777年、独立軍は〝仮憲法〟として「連合規約」を制定したのですが、そのころはまさに本国《イギリス》（中央政府）と交戦中だったため、中央政府に対する反発からそれは極めて「州権（地方分権）的」性格の強いものとなってしまいます。

しかし、あまりにも左に偏りすぎた弊害が戦後になって問題視され、1787年、〝正式憲法〟を制定するにあたって揺り戻しが起こり、「中央集権的」なものに生まれ変わることにな

（＊02）哀しい哉、高校や予備校の世界史教師までもが、この見え透いたプロパガンダを無検証に妄信し、そう教えているという惨状があります。

（＊03）その中には、個人レベルで移民してきた者たちの他にも、政府によって集められた不穏分子・犯罪者・破落戸らが体のよい〝厄介払い〟として送り込まれてきた者たちも多かった。いわば、当時の北米東海岸は〝流刑地〟扱いでした。

（＊04）「白人でアングロサクソン系のプロテスタント」の意。もっといえば、最初期に北米大陸に渡ってきた人々のこと。

りました。

これが、27回もの修正を繰り返しつつも、現在に至るまで脈々とつづいている「合衆国憲法」です。

こうした経緯から、合衆国憲法を護《まも》ろうとする者たちが「連邦派《フェデラリスト》」を、連合規約を復活しようとする者たちが「反連邦派《アンチフェデラリスト》」を形成して対立するようになり、これがのちの「二大政党制」の〝卵〟となっていくのですが、ワシントン大統領はこうした内部抗争を嫌って両派の調停に奔走しますので、政党の成立はもう少しのちのことになります。

二大政党制の成立

とはいえ、ここでワシントン大統領でも抑えが利かない問題が発生してしまいます。

それが「フランス革命」です。

じつは、合衆国《アメリカ》は独立戦争に当たってフランスから莫大な資金援助および軍事援助（＊05）を得ており、フランスには大きな〝恩義〟を負っていました。

そのため独立からほどなく「フランス革命」が勃発すると、フランスに援軍を送るか否かをめぐって「連邦派《フェデラリスト》」と「反連邦派《アンチフェデラリスト》」の対立が抑えきれなくなってきます。

「ラファイエット殿には口では言い表せないほどの恩義がある！

その恩義に報いんためにも革命側に立って参戦すべし！」

親仏の反連邦派《アンチフェデラリスト》がそう捲《まく》したてれば、親英の連邦派《フェデラリスト》も反論。

「たしかにラファイエット殿には義理がある。

だが、畢竟《ひっきょう》我々はイギリス人、本国《イギリス》と干戈《かんか》を交えるなど考えられぬ！」

国家というものは創業時がいちばん不安定なので、少なくとも体制が安定するまでは外国の悶着《いざこざ》に巻き込まれず、内政に尽力しなければなりません。

建国早々〝第〇《れい》次世界大戦〟と謳《うた》われることもある動乱の欧州《ヨーロッパ》情勢に巻き込まれては合衆国《アメリカ》の未来は殆《あや》うい。

そのためワシントンは「中立宣言」を発します。

――我が国は欧州《ヨーロッパ》情勢には関知せず、
英仏いずれの陣営にも組しない。

しかし、連邦派《フェデラリスト》と反連邦派《アンチフェデラリスト》の対立は収まりを見せず、彼《ワシントン》は両派からの突き上げを喰らい、神経症《ノイローゼ》となってしまいます。


（＊05）政府（ブルボン朝）からは軍資金20億リーブル（当時のフランスの歳入の4年分）の借受けや援軍派兵、民間からはラファイエットやサン＝シモンらの義勇軍など。

対立

連邦派

親英

初代 副大統領

ジョン＝アダムズ

1789.4/21 - 97.3/4

仏米同盟はブルボン朝と結んだものだから
条約違反じゃない…ということで
ラファイエット君には世話になったけど
こっちにもいろいろと事情があるんで…

・ミシシッピ川をイギリスに開放
・フランス私掠船への補給の停止

ジェイ条約

1794.11/19

初代最高裁判所長官

ジョン＝ジェイ

1789.9/26 - 95.6/29

初代財務長官

アレクサンダー＝ハミルトン

1789.9/11 - 95.1/31

連邦党

（フェデラリスト）

■初代ジョージ=ワシントンの外交

――こんな誹謗《ひぼう》される立場に置かれるくらいなら墓の中にいた方がマシだ！

ついに彼《ワシントン》は次期大統領選の出馬を拒否（＊06）、その告別演説にて「党派闘争の否定」と「中立政策の堅持」を訴えて政界を去ることになりました。

ワシントンはその2年後に世を去りましたが、彼の遺訓「党派闘争の否定」と「中立政策」は守られることなく、そこから2代・3代・4代大統領と連邦派《フェデラリスト》は「連邦党《フェデラリスト》」に、反連邦派《アンチフェデラリスト》は「共和党《リパブリカン》（＊07）」となって内政的には激しい党争が、外交的には英仏と同盟や戦争（＊08）に明け暮れることになりました。

こうして合衆国《アメリカ》は、早くも2代大統領のころから「二大政党制」に突入することになります。

好感情《グッドフィーリング》の時代

ところで、二大政党制というのは「時代に合わせて、あるいは国際情勢に合わせて両党が交互に政権を担当する」というのが理想ですが、初めのころは安定せず、「連邦党《フェデラリスト》」が政権を握ったのは第2代J《ジョン》・アダムズの「1期4年」のみで、以降、第3代T《トーマス》・ジェファーソン、第4代J《ジェームズ》・マディソン、第5代J《ジェームズ》・モンローと3代「6期24年」にわたって「共和党《リパブリカン》」が政権を独占する時代がつづきます。

特にJ《ジェームズ》・マディソンの時代に勃《お》こった米英戦争は国民の反英感情を高め、親英派だった

「連邦党《フェデラリスト》」は急速に求心力を失い、続々と党員が党を見限って「共和党《リパブリカン》」へと移党したため、次のＪ《ジェームズ》・モンローの代には「連邦党《フェデラリスト》」は解散に追い込まれるまでに陥りました。

これにより「二大政党制」は破れて「一党独裁」が成立、結果的に「ワシントンの遺訓」のひとつ（党派闘争の否定）が実現します。

さらに、たまたまこのころ欧州《ヨーロッパ》列強（神聖同盟軍）が中南米《ラテンアメリカ》に軍を送り込もうとしてきたため、これを食い止めんとモンロー大統領は「モンロー宣言（＊09）」を発してＧ《ジョージ》・ワシントンの中立政策を明文化したことで、奇《く》しくも「ワシントンの遺訓」のふたつ目（中立政策の堅持）も実現することになります。

ただし、彼《モンロー》の政策はワシントンの主張した「中立主義《ニュートラリズム》」を基盤としながら、彼の時代に合わせて改良《モデルチェンジ》したものなので、〝ワシントン式中立主義《ニュートラリズム》〟とまったく同じものではなく、した

（＊06）もし、このときワシントンがつぎの大統領選に出馬していたら、確実に当選していたであろうにも拘わらず、彼が「2期8年」で自ら身を引いたことで、以降、「3選目は出馬しない」という慣例が１９４０年までつづくことになりました。

（＊07）のちの連邦党系「共和党」と区別するため、敢えて訳さずに「リパブリカン」と表記したり、結党者の名を冠して「ジェファーソン共和党」と呼んだりすることがあります。

（＊08）具体的には、「ジェイ条約（米&英）」や「疑似戦争（米vs仏）」「１８１２年戦争（米vs英）」など。

（＊09）厳密には「宣言（declaration）」ではなく「教書（message）」ですが、内容的には「宣言」なので名より実を取って「モンロー宣言」と言い慣わされています。

がって、これ以降は彼の名を冠して「モンロー主義《ドクトリン》」と呼ばれるようになります。

二大政党制の復活

しかし、「一党独裁制」はモンロー大統領一代で終わりました。

「一党独裁」は大統領の政策に対して反対の声が上がらないため〝好感情《グッドフィーリング》の時代〟などと言われましたが、表面的には党は統一されても、現実には〝一枚岩〟には程遠く、党内には途中から寝返ってきた〝旧連邦党党員《フェデラリスト》〟との確執を孕《はら》んでいました。

やがてモンロー大統領の後任をめぐって党内で「旧連邦党党員《フェデラリスト》」と「旧反連邦党党員《アンチフェデラリスト》」との対立が表面化、第6代J《ジョン》・Q《クィンシー》・アダムズのころには、彼《アダムズ》を支持する「国民共和党（旧連邦党系）」とA《アンドリュー》・ジャクソンを支持する「民主共和党（旧反連邦党系）（＊10）」に分裂してしまい、結局、二大政党制に戻ってしまいます。

次の第7代A《アンドリュー》・ジャクソンのころになると、民主共和党は「民主党《デモクラティック》」と名を改め、対抗馬となる国民共和党は1834年に「ウイッグ党」、54年に「共和党《リパブリカン》」と改組し、ここにおいてようやく現在の二大政党が出揃《そろ》うことになりました。

（＊10）　旧共和党（ジェファーソン共和党）と区別するため、結党者の名を冠して「ジャクソン共和党」ということがあります。

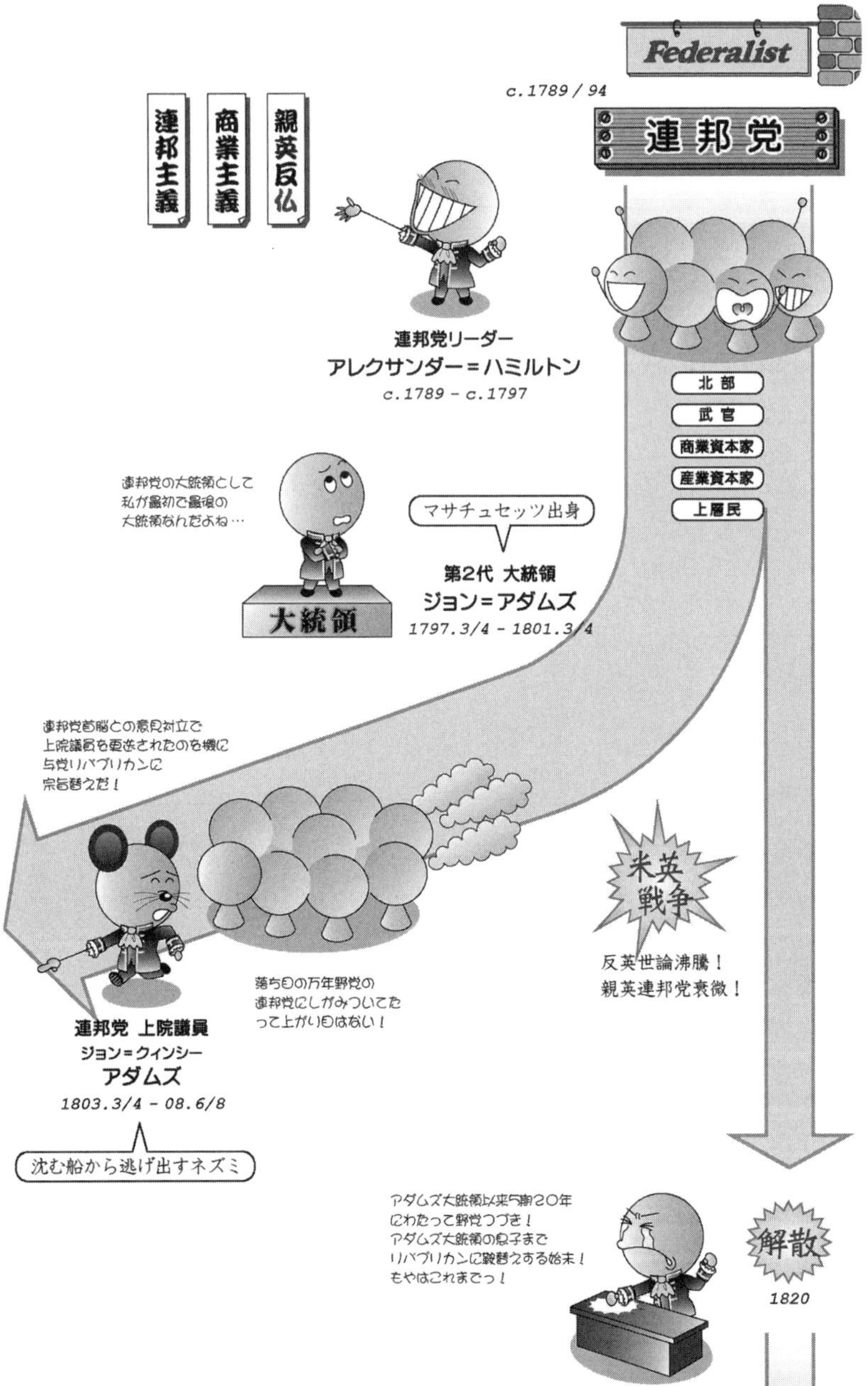
Federalist
c.1789 / 94
連邦党
連邦主義
商業主義
親英反仏
連邦党リーダー
アレクサンダー＝ハミルトン
c.1789 - c.1797
北部
武官
商業資本家
産業資本家
上層民
連邦党の大統領として
私が最初で最後の
大統領なんだよね…
マサチュセッツ出身
第2代 大統領
ジョン＝アダムズ
1797.3/4 - 1801.3/4
大統領
連邦党首脳との意見対立で
上院議員を更迭されたのを機に
与党リパブリカンに
宗旨替えだ！
落ち目の万年野党の
連邦党にしがみついてたって上がり目はない！
連邦党 上院議員
ジョン＝クィンシー
アダムズ
1803.3/4 - 08.6/8
沈む船から逃げ出すネズミ
米英戦争
反英世論沸騰！
親英連邦党衰微！
アダムズ大統領以来5期20年
にわたって野党つづき！
アダムズ大統領の息子まで
リパブリカンに鞍替えする始末！
もやはこれまでっ！
解散
1820

■ウイッグ党成立期までの政党系図

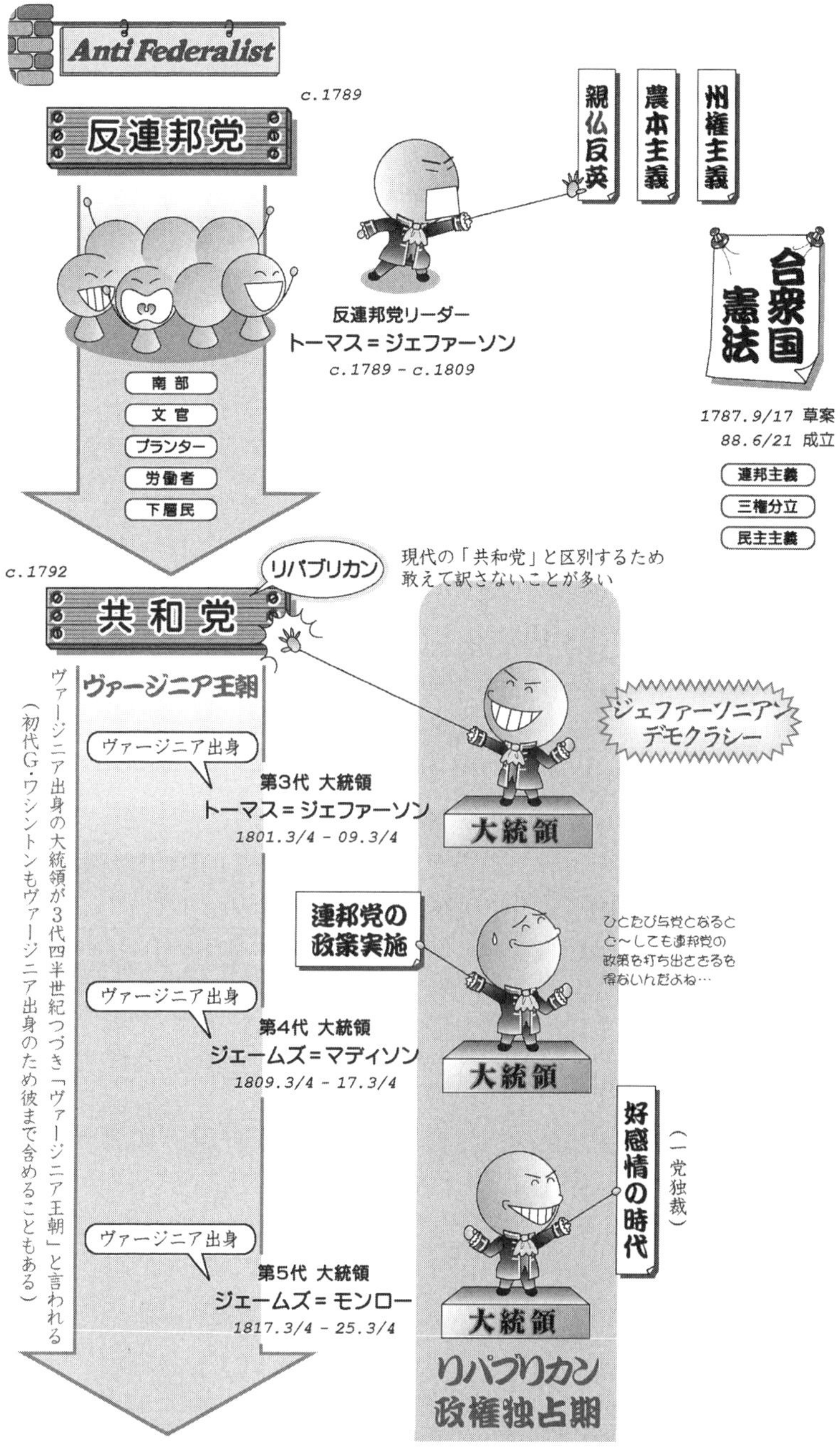

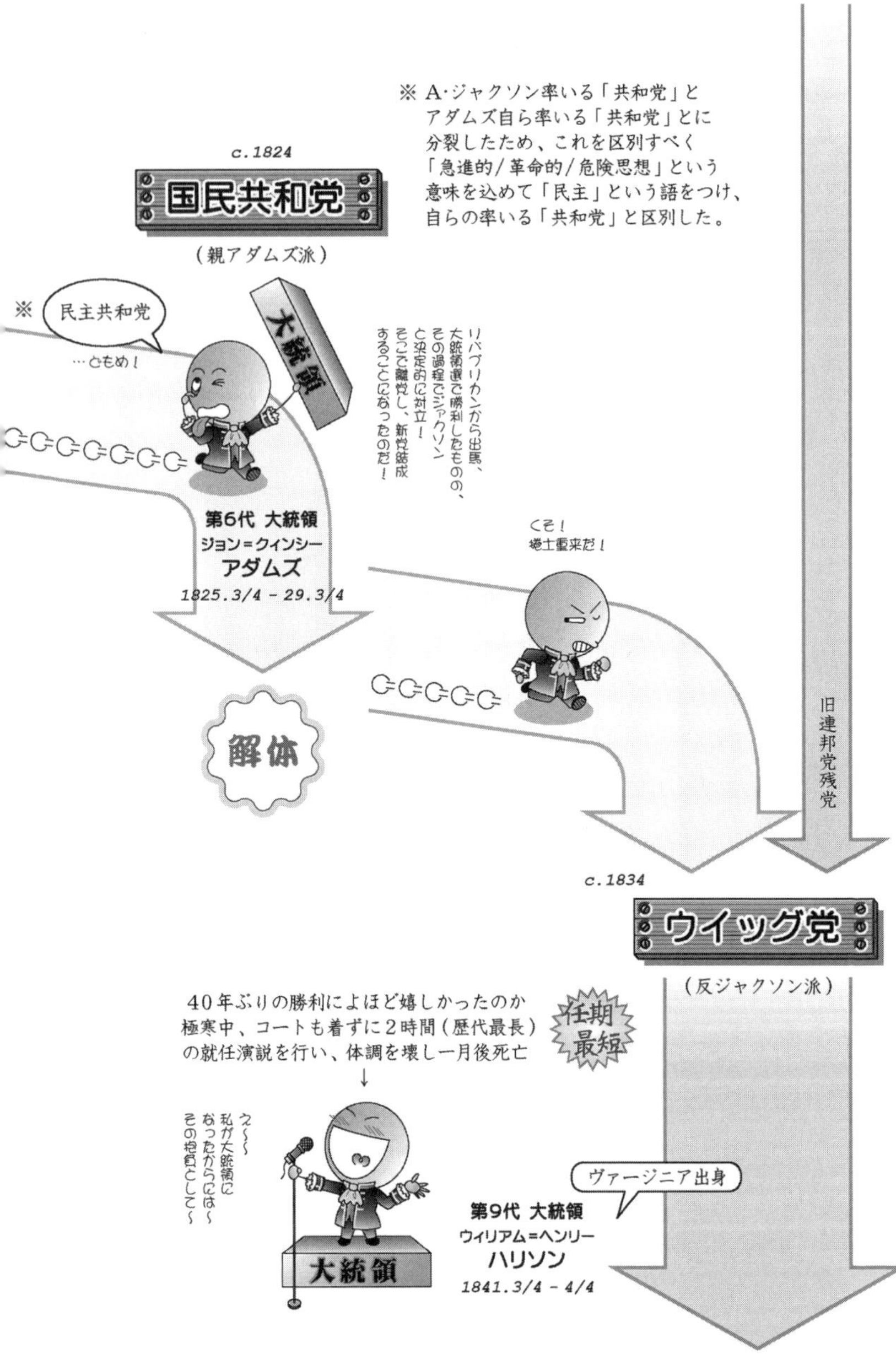
※ A·ジャクソン率いる「共和党」とアダムズ自ら率いる「共和党」とに分裂したため、これを区別すべく「急進的/革命的/危険思想」という意味を込めて「民主」という語をつけ、自らの率いる「共和党」と区別した。
c.1824
国民共和党
(親アダムズ派)
※ 民主共和党
…どもめ!
大統領
リパブリカンから出馬、大統領選で勝利したものの、その過程でジャクソンと決定的に対立!そこで離党し、新党結成するこ とになったのだ!
第6代 大統領
ジョン=クィンシー
アダムズ
1825.3/4 - 29.3/4
解体
くそ!
捲土重来だ!
旧連邦党残党
c.1834
ウイッグ党
(反ジャクソン派)
40年ぶりの勝利によほど嬉しかったのか極寒中、コートも着ずに2時間(歴代最長)の就任演説を行い、体調を壊し一月後死亡
任期最短
え~~
私が大統領になったからには~
その抱負として~
大統領
ヴァージニア出身
第9代 大統領
ウィリアム=ヘンリー
ハリソン
1841.3/4 - 4/4

1824
大統領選
A.ジャクソン
J.Q.アダムズ
民主共和党
リパブリカン
（親ジャクソン派）
こざかしい国民共和党どもめ！
わしは御用政党の民主党から
しか官僚を任用しね～かんな！
ジャクソニアン
デモクラシー
大統領選
1828
c.1828
民主党
党人任用制
（猟官制）
第7代 大統領
アンドリュー＝ジャクソン
1829.3/4 - 37.3/4
テネシー出身
大統領
勢力均衡期
（4年ごとに
政権政党が交替）
これまで一期しか務められなかった
大統領はアダムズ父子の2人のみ！
生粋のアンチフェデラリスト系では
初めて一期しか務められなかった…
第8代 大統領
マーティン＝ヴァン
ビューレン
1837.3/4 - 41.3/4
大統領
ニューヨーク出身

西漸《せいぜん》運動がモンロー主義《ドクトリン》を支え、その終焉がモンロー主義を変質させる

以来、現在に至るまでアメリカ大統領選挙は事実上「共和党《リパブリカン》」と「民主党《デモクラティック》」の一騎打ちとなります（＊01）が、こうした現代の二大政党制が始まった170年前当時、合衆国《アメリカ》はちょうど「西漸《せいぜん》運動」の真っただ中でした。

そして、この「西漸《せいぜん》運動」が今しばらく合衆国《アメリカ》の基本政策「モンロー主義《ドクトリン》」を支えることになります。

西漸《せいぜん》運動とモンロー主義《ドクトリン》

ちなみに、この「西漸《せいぜん》運動」というのは教科書的表現に順《したが》えば「〝明白な天命《マニフェストディスティニー》〟をスローガンとして西部《ウェスタン》開拓に邁進《まいしん》した運動」となりますが、その実態を包み隠さずに言えば、「インディアンに対して虐殺《スローター》・殺戮《マサカー》・駆逐《デストロイ》の限りを尽くして、彼ら《インディアン》の土地を奪いながら国政として植民を進めたもの」ということになります（＊02）。

そして、この西漸《せいぜん》運動はふたつの影響をもたらしました。

ひとつ目は、当時のアメリカ国民の関心がもっぱら国内（西部開拓）に向き、外交に向かなかったことで「モンロー主義《ドクトリン》」が合衆国《アメリカ》の基本方針としての定着に一役買ったこと。

しかしその代わり、西部《ウェスタン》の土地をめぐって北部（共和党《リパブリカン》の支持基盤）と南部《サウス》（民主党《デモクラティック》の支持基盤）の争奪戦が起こり、両党の対立を煽《あお》る結果になりました。

その対立は1860年、第16代大統領にA《エイブラハム》・リンカーンが選出されたことを契機《きっかけ》として爆発、南部《サウス》諸州がつぎつぎと独立宣言を発して「南北戦争《シビルウォー》（*03）」が勃発してしまいます。

この内乱《シビルウォー》によって一時は「合衆国《ユナイテッド・ステイツ》」と「連合国《コンフェデレイト・ステイツ》」に分裂するかという勢いでしたが、共和党《リパブリカン》は辛くもこの危機を乗り越えて統一を死守します。

この「南北戦争《シビルウォー》」は大きな転機《ターニングポイント》となりました。

これまで見てまいりましたように、大統領選においてここまで民主党系《デモクラティック》（*04）が優勢でし

（*01）この二大政党の他にも泡沫政党はたくさん存在します。

（*02）こうした彼らの言動から『独立宣言』に書かれた「すべての人は平等に創られている（All men are created equal.）」という言葉が如何におためごかしかということがわかります。

（*03）「南北戦争」は英語で「Civil War」ですが、これは直訳すると「内乱」「内戦」となります。

（*04）ここでは、「反連邦党」から始まり、「ジェファーソン共和党」「ジャクソン共和党」「民主党」の総称。

たが、こたびの内乱《シビルウォー》を転換点《ターニングポイント》として民主党《デモクラティック》は勢力を失い、以降、民主党《デモクラティック》から大統領が生まれるのは、共和党《リパブリカン》がよほどの大ポカをやらかして自滅したときか、政治・経済・外交が行き詰まって共和党《リパブリカン》が国民から見放されたときくらいで、そうしたことでもなければ概《おおむ》ね共和《リパブリ》党《カン》政権がつづくことになります。

歴史視点②

南北戦争《シビルウォー》以降「民主党《デモクラティック》」が政権を獲るのは「共和党《リパブリカン》」が自滅したときか、国民から見放されたときくらいで、原則として共和党《リパブリカン》政権がつづくことになる。

実際、ここから半世紀にわたって民主党《デモクラティック》出身の大統領といえば、大統領（A・リンカーン）の暗殺によって大統領選の洗礼を受けることなくその椅子が転がり込んできたA《アンドリュー》・ジョンソンと、共和党《リパブリカン》が汚職と分裂で自壊したときの隙《すき》を突いて当選したS《スティーヴン》・G《グロバー》・クリーブランドの2名だけです。

モンロー主義《ドクトリン》の綻《ほころ》び

さて、南北戦争《シビルウォー》の遠因となった西漸《せいぜん》運動は戦後もつづきましたが、西部《ウェスタン》の土地も無限にあるわけではありません。

広大な〝辺境《フロンティア》〟が目の前に広がっている間は、これを独り占めするために「欧州《ヨーロッパ》は米州《アメリカ》に手を出すな！」と釘を刺すモンロー主義《ドクトリン》は都合がよかったでしょう。

しかし、やがて辺境線《フロンティアライン》（＊05）が消滅（1890年）し、西漸《せいぜん》運動も終わりが見えてくると、「その代わり、我が国も米州《アメリカ》以外の地には手を出さない」というモンロー主義《ドクトリン》のもうひとつの側面が足枷《あしかせ》になってきます。

中国故事に「隴《ろう》を得て蜀《しょく》を望む（＊06）」というものがありますが、「足る」を知らないアメリカ人も「西部《ウェスタン》（隴）を得て海《パシフィック》（蜀）を望む」、そのさらに西の太平洋《パシフィック》を見据えるようになります。

そんな折も折、1895年、カリブ海に浮かぶキューバ島でスペインからの独立運動が勃《お》

（＊05）西漸運動において〝植民が進んだ地域〟と〝未開地（インディアン居住地）〟の境界線となる地域のこと。「インディアン掃討作戦の最前線地帯」と言い換えてもよい。

（＊06）後漢の光武帝が「隴（甘粛）を手に入れたのに、それに満足できず、さらに蜀（四川）をも欲した」という故事。人間の欲望には際限がない喩え。ちなみに魏の曹操は、この故事になぞらえて「余はすでに隴（甘粛）を得たのだから蜀（四川）までは望むまい」と光武帝の欲深さを否定して兵を退いたことがあります。

こりました。

時の大統領であった共和党のＷ《ウィリアム》・マッキンレーは「ただちにこれに介入して海外進出の足掛かりにしたい」と野心を燃やしましたが、如何《いかん》せん、当時の輿論《よろん》はまだ伝統的な「モンロー主義《ドクトリン》」が社会に浸透しており、このままでは民意が得られそうもありません。

そこで、マッキンレーはマスコミを操って「反西《アンチスペイン》キャンペーン」を張り、ないことないことでっち上げて（＊07）スペインに対する敵愾心《てきがいしん》を煽《あお》り、民意が「開戦」に傾くよう仕向けます。

こうして民意が傾いてきた１８９８年、事件が発生しました。

キューバのハバナ湾に停泊していた米艦メイン号が、突如として爆沈（米艦メイン号爆沈事件）し、米兵２６６名が死亡したのです。

現在でこそ、船を引揚《サルベージ》して何度も調査したことで「石炭の自然発火（＊08）による弾薬庫への引火が原因」であろうとの事故説が最有力ですが、当時はまったくその原因がわかっていなかったにもかかわらず、米政府《ホワイトハウス》は証拠もなく「スペインの機雷攻撃」と決め付け、これをマスコミを使って煽ります。

――リメンバー・メイン！

――リメンバー・メイン！（メイン号の恨みを忘れるな！）

「短い言葉を繰り返し連呼させる」というのは、無知な大衆を煽動するのにもっとも簡単でもっとも効果のある手段で、扇動政治屋《デマゴーゴス》（＊09）の常套《じょうとう》手段です。

この米政府《ホワイトハウス》の恥も外聞もない露骨なやり口に、当時から「そもそも事件そのものが政府《ホワイトハウス》の自作自演ではないのか？」という疑いもかけられたほど。

「まさかそこまでは…」などと思う勿《なか》れ、これから合衆国《アメリカ》史を学んでいけば、この国《アメリカ》がこの程度の捏造など平然とやってのける国だということがわかってきます。

歴史視点③

「正義の国」を自称するアメリカ合衆国は、開戦口実を得るためなら、挑発・因縁・誘導・演出・捏造《ねつぞう》・国民の犠牲など、どんな卑劣な手段も厭《いと》わない。

これにより輿論《よろん》は一瞬で「主戦論」一色となり、表向きは「輿論《よろん》に押し切られる形で仕方な

（＊07）このときにでっち上げ記事に加担してボロ儲けした人物のひとりに「ピューリッツァ賞」を創設したことで有名なJ・ピューリッツァがいます。

（＊08）石炭が自然発火するということは、当時よくある事故で珍しいものではありませんでした。かの有名な「タイタニック号」も近年「石炭の自然発火による石炭庫の火災で隔壁強度が劣化していたことが沈没の原因」という説が高まっています。

（＊09）デマを発信して大衆を煽ることで、これを意のままに操ろうとする政治家のこと。古代ギリシアのクレオンから始まり、20世紀ではA・ヒトラーもデマゴーゴスの典型。

く」という体《てい》を採りつつ、じつは大統領の思惑通りに「米《アメリカ》西《スペイン》戦争」となりました。

スペインの植民地を奪取

勢いのある〝新進気鋭〟合衆国《アメリカ》を相手に、衰弱しきった〝老耄《おいぼれ》〟スペインでは相手にならず、スペインはその年のうちに白旗を降り「パリ条約」を以《もっ》て終結、合衆国《アメリカ》は開戦の大義名分とした「キューバ独立（＊10）」を認めさせたうえ、スペインのアジア・アメリカ圏植民地（プエルトリコ・フィリピン・グアム）をすべて割譲させます。

これを契機として、合衆国《アメリカ》はいよいよ「中立政策」から「植民地獲得」へと邁進していくことになりますが、これとは逆に、敗れたスペインはアジア・アメリカ圏の植民地をすべて失い（＊11）、以降は「中立政策」を旨《むね》とする外交政策に転換することになりました（＊12）。

あたかもスペインから合衆国《アメリカ》へ〝バトンタッチ〟されたかのように。

（＊10）しかし、この「独立」というのも大衆向けの〝見せかけ〟にすぎず、実際にはこの直後にキューバを保護国化し、軍事的・政治的・経済的な支配下に置いています。

（＊11）まだこの時点ではアフリカの植民地は残していました。

（＊12）もっともそれが功を奏して、スペインは「第一次世界大戦」「第二次世界大戦」を中立で乗り切ることができましたから、「禍福は糾える縄の如し」といった感じです。

「モンロー主義《ドクトリン》」の看板は下ろさず中身だけすり替える〝二枚舌外交〟へ

しかしながら、合衆国《アメリカ》もただちに「中立主義《ニュートラリズム》」の看板を下ろしたのではなく、口先だけは依然として「モンロー主義《ドクトリン》」を叫びながら、その手を「帝国主義《インペリアリズム》(*01)」に染めていく〝二枚舌〟をしばらくつづけることになります。

まずは中国に目を付けた合衆国《アメリカ》

フィリピンを押さえた合衆国《アメリカ》は、これを橋頭堡《きょうとうほ》(前線基地)としてその先に〝照準〟を定めます。

それが当時の中国「清朝」でした。

しかし、このころの清朝はすでに英《イギリス》・仏《フランス》・独《ドイツ》・露《ロシア》・日が、それぞれ租借地や勢力範囲を設定して中国分割がほぼ完了しており、合衆国《アメリカ》が付け入る隙《すき》がありません。

そこでマッキンレー大統領は、時の国務長官J《ジョン》・ヘイの名で英《イギリス》・仏《フランス》・独《ドイツ》・露《ロシア》・日の各国に通牒《ノート》を送り付けます。

それがかの有名な「門戸開放宣言《オープンドア》(＊02)」です。

具体的には以下の3つ。

・門戸開放…中国における商業活動(＊03)はすべての国に開放されるべきである。
・機会均等…機会はすべての国に差別なく平等に与えられなければならない。
・領土保全…清朝の領土は中国人のものであり、これを奪ってはならない。

ひとつひとつが正鵠《せいこく》を射た、文句の付けようのない〝正論〟が並びます。

日本人は総じて〝お人好し〟なので、こうした〝正論〟をいちいち言葉通り受け取って、「さすが正義の国・合衆国《アメリカ》！」と称賛しますが、それは「周囲の者からどれほど諭《さと》されてもオレオレ詐欺に引っかかる老人」に似て、そんなことではいつまで経っても彼らの本質を見誤り

(＊01) 狭義では「1870年代から20世紀前半までの政治イデオロギー」を指す言葉ですが、広義では時代に関係なく「外国への侵略によって国の発展を図ろうとする政策」を指す言葉となります。ここでは後者。

(＊02) 一般的に「宣言」と言われますが、正しくは宣言(declaration)ではなく「通牒(note)」です。

(＊03) 具体的には、通商権・関税権・鉄道利用権・入港権など。

つづけることになります。
合衆国《アメリカ》に限らず――国家であろうが個人であろうが、ことさら〝正論〟を振り翳《かざ》す者は、その腹の底に〝悪意〟を隠しているものです。

歴史視点④

〝正論〟を振り翳《かざ》す者は、自らの行う悪虐非道から目を逸らせようとしている。

〝正論〟の裏に潜む本音

こたびの「門戸開放宣言《オープンドア》」も例外に非《あら》ず、これを合衆国《アメリカ》の〝本心〟が透かして噛《か》み砕いて説明すると、

――お前らが中国を独占したら我が国《アメリカ》が中国を喰いモノにできんだろが！（門戸開放）

――俺にも1枚噛《か》ませろ！（機会均等）

――だから、これ以上中国を独り占めするんじゃねぇぞ！（領土保全）

単に、帝国主義時代《インペリアリズム》に乗り遅れた（＊04）合衆国《アメリカ》が、これを挽回せんとしているだけの言葉な

のですが、言っていることは〝正論〟なので、こうした正論を振り翳《かざ》してくる輩《やから》に対しては「相手にしない」のが一番よい。

したがって、このときも列強はこれを黙殺。

そのため「門戸開放《オープンドア》宣言」の成果は挙がりませんでしたが、合衆国《アメリカ》はこれからも事あるごとに「門戸開放《オープンドア》」を国際社会に訴えつづけることになります。

（＊04）「帝国主義」は1870年代から始まっていますが、そのころの合衆国は「モンロー主義」を掲げて「西漸運動」の真っただ中でしたから、これに介入する余裕もなければ、大義名分も持ちませんでした。

c.1834

反ジャクソン

ウイッグ党

第9代 大統領
ウィリアム=ハリソン
1841.3/4 - 4/4

第10代 大統領
ジョン=タイラー
1841.4/4 - 45.3/4

第12代 大統領
ザカリー=テイラー
1849.3/4 - 50.7/9

第13代 大統領
ミラード=フィルモア
1850.7/9 - 53.3/4

南部の奴隷は反対だが、北部の奴隷は問題なし！

c.1854

反奴隷制

共和党

「人民の人民による人民のための政治を
この地上から決して絶滅させぬことを
我々はここに固く決意するものである！」

共和党
政権独占期
（唯一の例外がクリーブランド）

西漸運動

第16代 大統領
エイブラハム=リンカーン
1861.3/4 - 65.4/15

第18代 大統領
ユリシーズ=シンプソン
グラント
1869.3/4 - 77.3/4

第19代 大統領
ラザフォード=バーチャード
ヘイズ
1877.3/4 - 81.3/4

第20代 大統領
ジェームズ=エイブラム
ガーフィールド
1881.3/4 - 81.9/19

第21代 大統領
チェスター=アラン
アーサー
1881.9/19 - 85.3/4

第23代 大統領
ベンジャミン=ハリソン
1889.3/4 - 93.3/4

■第二次世界大戦までの政党系図

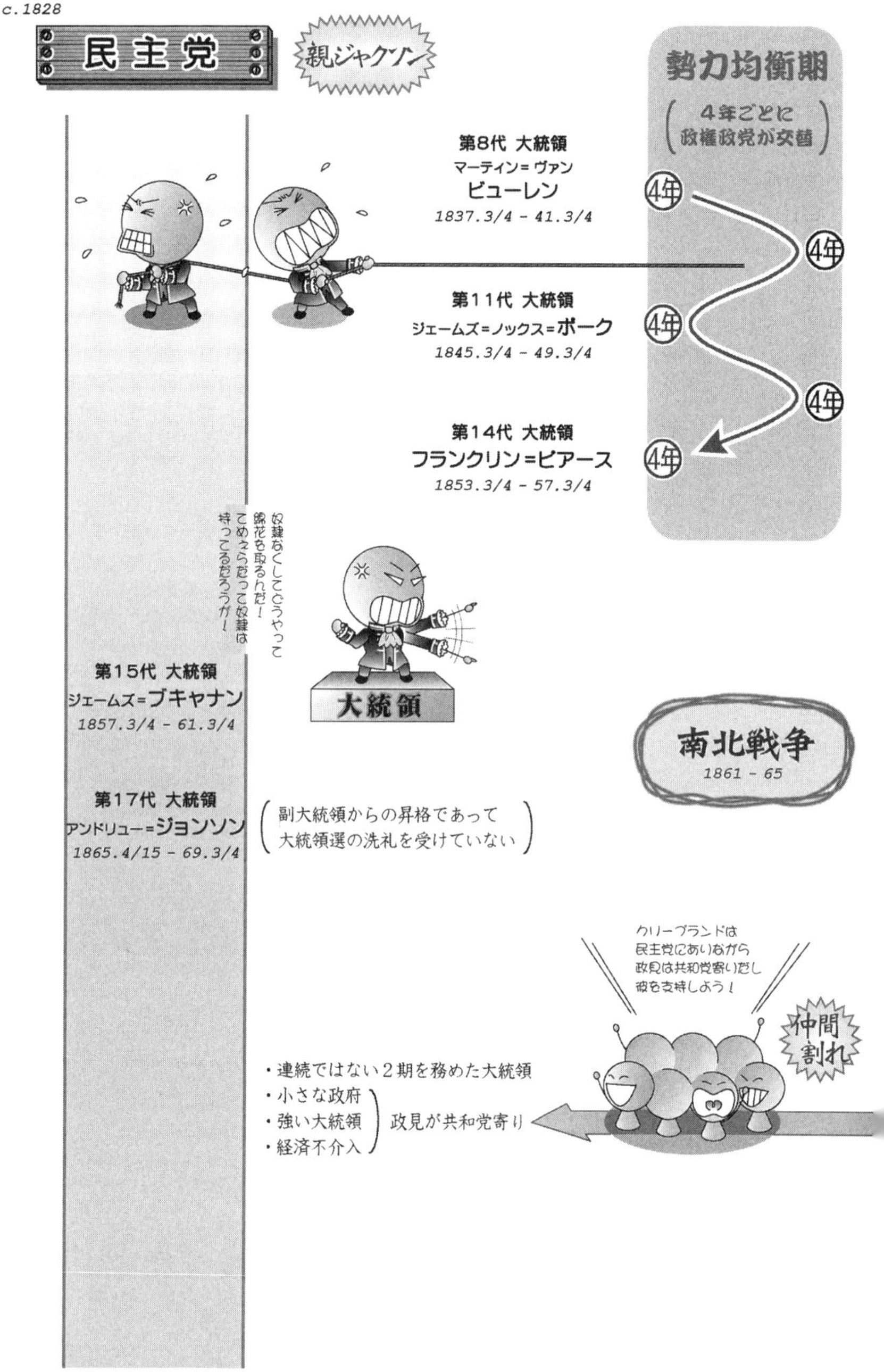

c.1828
民主党
親ジャクソン
勢力均衡期
（4年ごとに政権政党が交替）
4年
4年
4年
4年
4年
第8代 大統領
マーティン＝ヴァン ビューレン
1837.3/4 - 41.3/4
第11代 大統領
ジェームズ＝ノックス＝ポーク
1845.3/4 - 49.3/4
第14代 大統領
フランクリン＝ピアース
1853.3/4 - 57.3/4
奴隷なくしてどうやって綿花を取るんだ！
てめえらだって奴隷は持ってるだろうが！
大統領
第15代 大統領
ジェームズ＝ブキャナン
1857.3/4 - 61.3/4
南北戦争
1861 - 65
第17代 大統領
アンドリュー＝ジョンソン
1865.4/15 - 69.3/4
（副大統領からの昇格であって大統領選の洗礼を受けていない）
クリーブランドは民主党にありながら政見は共和党寄りだし彼を支持しよう！
仲間割れ
・連続ではない2期を務めた大統領
・小さな政府
・強い大統領
・経済不介入
政見が共和党寄り

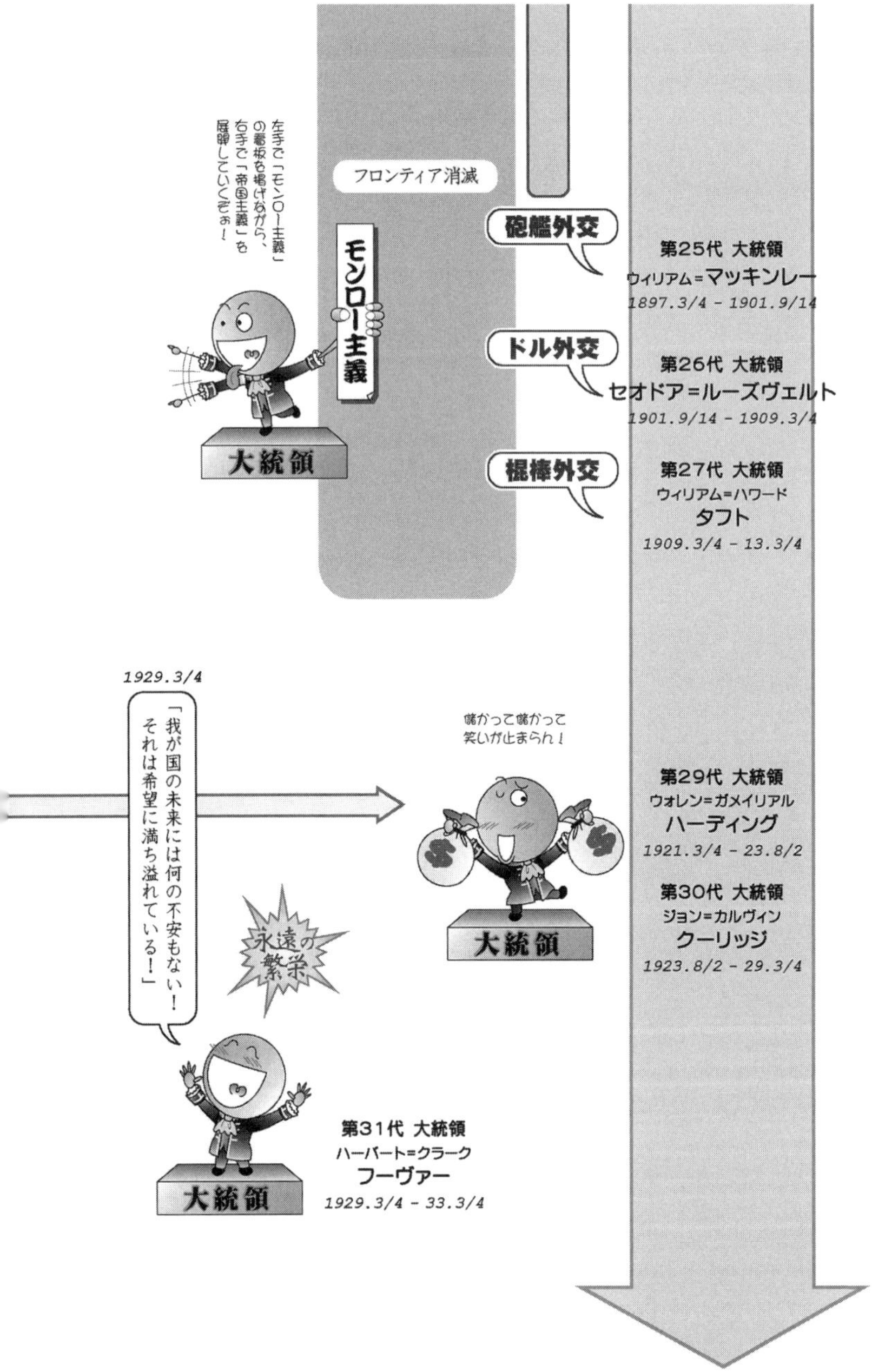

フロンティア消滅
左手で「モンロー主義」の看板を掲げながら、右手で「帝国主義」を展開していくぞぉ！
モンロー主義
大統領
砲艦外交
第25代 大統領
ウィリアム＝マッキンレー
1897.3/4 - 1901.9/14
ドル外交
第26代 大統領
セオドア＝ルーズヴェルト
1901.9/14 - 1909.3/4
棍棒外交
第27代 大統領
ウィリアム＝ハワード
タフト
1909.3/4 - 13.3/4
1929.3/4
「我が国の未来には何の不安もない！
それは希望に満ち溢れている！」
永遠の繁栄
儲かって儲かって
笑いが止まらん！
大統領
第29代 大統領
ウォレン＝ガメイリアル
ハーディング
1921.3/4 - 23.8/2
第30代 大統領
ジョン＝カルヴィン
クーリッジ
1923.8/2 - 29.3/4
大統領
第31代 大統領
ハーバート＝クラーク
フーヴァー
1929.3/4 - 33.3/4

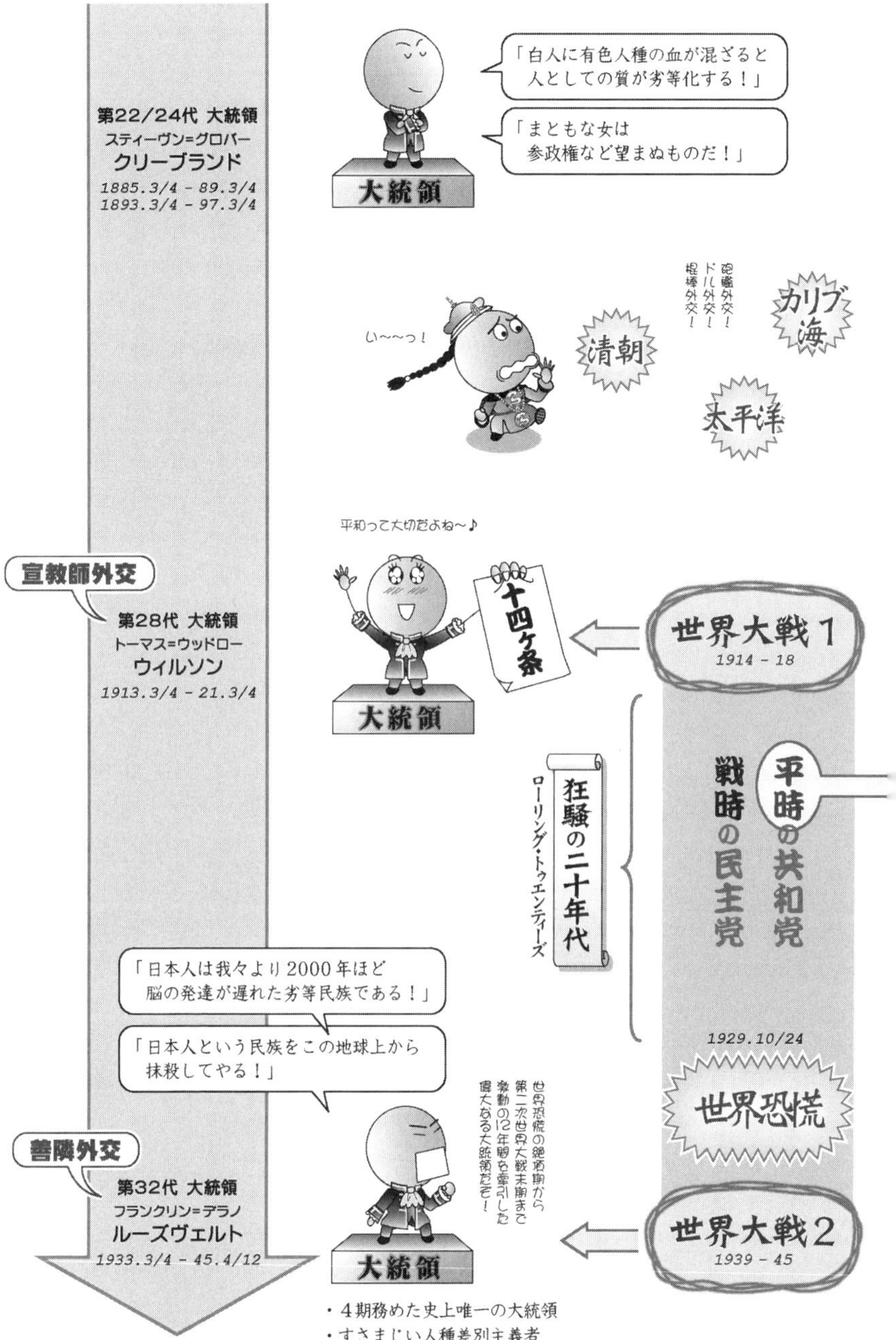

第22/24代 大統領
スティーヴン=グロバー
クリーブランド
1885.3/4 - 89.3/4
1893.3/4 - 97.3/4
大統領
「白人に有色人種の血が混ざると人としての質が劣等化する！」
「まともな女は参政権など望まぬものだ！」
い〜〜っ！
清朝
砲艦外交！
ドル外交！
棍棒外交！
カリブ海
太平洋
平和って大切だよね〜♪
十四ケ条
宣教師外交
第28代 大統領
トーマス=ウッドロー
ウィルソン
1913.3/4 - 21.3/4
大統領
世界大戦1
1914 - 18
狂騒の二十年代
ローリング・トゥエンティーズ
戦時の民主党
平時の共和党
1929.10/24
世界恐慌
「日本人は我々より2000年ほど脳の発達が遅れた劣等民族である！」
「日本人という民族をこの地球上から抹殺してやる！」
世界恐慌の絶頂期から第二次世界大戦末期まで激動の12年間を牽引した偉大なる大統領だぞ！
善隣外交
第32代 大統領
フランクリン=デラノ
ルーズヴェルト
1933.3/4 - 45.4/12
大統領
世界大戦2
1939 - 45

・4期務めた史上唯一の大統領
・すさまじい人種差別主義者

《 第2章 》

覇権国家への野望

中立主義から帝国主義となり
第一次世界大戦で飛躍

口では「中立主義《ニュートラリズム》」を唱えながら その手で「帝国主義《インペリアリズム》」の剣を振るう合衆国《アメリカ》

さて、合衆国《アメリカ》が「門戸開放宣言《オープンドア》」を発したのは1899～1900年、世紀でいえば19世紀も末の末。

すなわち、この「門戸開放宣言《オープンドア》」が出された翌年から20世紀の幕開けとなるわけですが、この20世紀最初の大統領となった人物こそ、第26代T《セオドア》・ルーズヴェルトです。

「南北戦争《シビル ウォー》以来、原則として共和党《リパブリカン》政権がつづく(*01)」と申し上げましたが、彼ももちろん共和党《リパブリカン》出身の大統領で、この原則は20世紀以降もつづくことになります。

帝国主義《インペリアリズム》への第一歩

ところで、このころから合衆国《アメリカ》もようやく本格的に「帝国主義《インペリアリズム》」へと舵を切るようになりました。

T《セオドア》・ルーズヴェルトは、帝国主義《インペリアリズム》外交の基本方針について「棍棒《ビッグスティック》を担いで穏やかに語る」

と極道《ヤクザ》まるだしの発言を繰り返し（＊02）、「我が国《アメリカ》は近いうちに世界に対して警察力を行使することになるだろう」と覇権国家への意欲を示しながら、その手で「モンロー主義《ドクトリン》の遵守」という〝錦《にしき》の御旗《みはた》〟を振りつづけるという〝二枚舌外交〟を行います。

合衆国《アメリカ》は地政学的に見て、東は大西洋・南はカリブ海・西は太平洋に囲まれていましたから、「モンロー主義《ドクトリン》を守るため」にはこれらの周りの海も〝我らが海《マーレ・ノストゥルム》〟（＊03）にしなければならない。

となれば、まず第一の目標はカリブ海と太平洋をつなげる「パナマ運河」を我がものとすること！

T《セオドア》・ルーズヴェルトは初め、パナマを領有するコロンビア政府に運河の建設を働きかけました（穏やかに語る）が、合衆国《アメリカ》に乗っ取られることを虞《おそれ》てコロンビア政府はこれを拒否。

すると、これまでの〝穏やかな語り口〟はたちまち豹変、パナマ現地民たちに独立を働きかけてこれを武力を以《もっ》て独立させ（棍棒を行使）、その見返りとして新政府から「パナマ運河の

（＊01）「歴史視点②」参照。
（＊02）この言葉から、彼の外交方針を「棍棒外交」と言います。
（＊03）ローマ人が地中海のことを表現した言葉。転じて「制海権を握る海」のことを表すようになります。

永久租借権（＊04）」を得、運河建設に着工します。

T《セオドア》・ルーズヴェルトは、自らの言葉「棍棒《ビッグスティック》を担いで穏やかに語る」をそのまま実践した形となりますが、このやり方はこれからも合衆国《アメリカ》の常套《じょうとう》となります。

歴史視点 ⑤

合衆国《アメリカ》は、狙い定めた〝獲物〟に穏やかな顔で近づいて耳元で甘言を囁《ささや》き、そのまま罠にはめて骨までしゃぶり尽くすことを常套《じょうとう》手段とする。

日露戦争への介入

こうして、ルーズヴェルトがパナマ奪取に奔走していたころ、地球の裏側の中国ではロシアの脅威が急速に高まってきていました。

合衆国《アメリカ》が「門戸開放宣言《オープンドア》」を発した年と同じ年（1899〜1900年）に、中国で勃《お》こっていた「義和団の乱」のどさくさに紛れてロシアが満洲《マンジュ》を不法占領したためです。

満洲《マンジュ》を取られたのは中国（清朝）ですが、これを看過すれば一気に国家存亡の機に陥るのは日本でした。

満洲《マンジュ》を押さえたロシアが、次に狙うのは朝鮮であることは明らかでしたし、そうなれば次に狙われるのが日本です。

そのため、日本は何度も何度もロシアと交渉して撤兵するよう要求しましたが、ロシアは取り付く島もない。

これにより日本もついに「日露戦争」を決意しましたが、戦《いくさ》というものは始めるより終わらせる方が圧倒的に難しい。

かといって、戦争が長引けば貧乏島国・日本に勝機はなく、わずかな勝機を見出だすとすれば短期決戦しかありません。

そこで、開戦前に金子堅太郎を渡米させ「我が国は貴国の提唱する〝門戸開放《オープンドア》〟のためにロシアと戦っている！」と全米を遊説して廻って輿論《よろん》を喚起し、大統領を説得して日本に味方させるべく尽力します。

Ｔ《セオドア》・ルーズヴェルトとしても「門戸開放《オープンドア》」を否定するロシアとこれを認める日本で天秤にか

（＊04）「租借」という言葉を使いながら、その枕詞に「永久」の文字を置く。「返さないとは言っていない、永久に借りておくだけだ！」「いつ返すか決めていないだけだ、泥棒みたいに言うな！」と開き直ったジャイアンと同じ論法。

けたとき、日本と手を結んだ方が国益になるし、日露戦争を仲介することで「極東における国際秩序《インターナショナル・オーダー》の調停者《バランサー》」の地位を得られます。

こうして合衆国《アメリカ》は日本に協力することにしました。

幻の「桂ハリマン協定」

ところが、いざ戦争が終わってみれば、日本の戦果はルーズヴェルトの予想以上。合衆国《アメリカ》は「勢いに乗った日本がフィリピンにまで進出してくるのではないか」と疑心暗鬼に陥り、戦後ほどなく「桂タフト協定」で日本に釘を刺してきました。

それだけではなく、日本が「十万の英霊、二十億の国帑《こくど》(＊05)」を注いで手に入れた南満洲《マンジュ》を合衆国《アメリカ》と共同経営するよう持ちかけてきました。

日露戦争に勝ったとはいえ、日本はロシアから賠償金が取れなかったため、当時の日本は負債で首が回らない状態(＊06)。

戦争で失ったものは戦争で得たもので取り返さんと、満洲《マンジュ》から上がる収益で賄《まかな》おうとしましたが、そのためにはまずインフラ整備(鉄道・道路・橋梁・水道・学校・病院など)・農業開発(田地開墾・品種改良など)などの莫大な先行投資が必要なうえ、疲弊した民力恢復《かいふく》のため大幅減税を実施せざるを得ず、「借金を返すために借金をしなければならない」という状態に陥ります。

頭を抱える井上馨《かおる》ら元老の耳元で、アメリカの実業家Ｅ《エドワード》・Ｈ《ヘンリー》・ハリマンが囁《ささや》きました。

「満洲《マンジュ》開発に必要な資金はすべて私が提供しましょう！

その代わり、満洲《マンジュ》は日米の共同経営ということで如何《いかが》でしょう。

なぁに、共同経営といっても日米は平等、さらにアメリカの資本を入れることで、

万一、ロシアが日本に復讐戦を企てようとしても我が国《アメリカ》がお味方しますぞ！」

この話だけを聞けば、確かにいい話のように聞こえます。

この甘言にほだされて、当時首相であった桂太郎もつい首を縦に振ってしまいました。

これが「桂ハリマン仮協定」です。

しかし、思い起こしてほしいのは、合衆国《アメリカ》が甘言を以《もっ》て近づいてきたとき、それが何を意味するのかということです（＊07）。

ポーツマスから帰国してきた小村寿太郎は、この仮協定を知り、激怒します。

――あなたがたは合衆国《アメリカ》という国をまるでわかっていない！

（＊05）日露戦争で払った犠牲を表現するときによく使われた言い回し。「国帑」というのは国費のこと。

（＊06）当時、日本が日露戦争に費やした戦費は「国家予算の８倍」に上る金額で、そのほとんどを外国からの借款で賄っていましたから、戦後、これを返済していかなければなりませんでした。

（＊07）「歴史視点⑤」参照。

やつらは口先では「日米平等」などと言っているようだが、

本心は、満洲《マンジュ》を乗っ取るつもりに決まっておるだろうが！

たった今、ポーツマスから帰国したばかりで、合衆国《アメリカ》のしたたかさ・腹黒さをさんざん思い知らされてきた小村の言葉は重い。

こうして、結局このときの「桂ハリマン仮協定」は破棄されることになりました（＊08）が、いったん架けられた梯子《はしご》を突然外される形となった合衆国《アメリカ》との関係は以降急速に悪化し、そのまま太平洋戦争まで転げ落ちていくことになります。

「ドル外交」から陥る〝債務の罠〟

さて、1909年、T《セオドア》・ルーズヴェルトが「2期8年」を満了（＊09）すると、つぎの大統領もやはり順当に共和党《リパブリカン》候補が大統領に就くことになりました（＊10）。

それがW《ウィリアム》・H《ハワード》・タフトです。

彼は前任者の「棍棒《ビッグスティック》外交」改め、「ドル外交」を推進します。

これは「周辺諸国を〝武力（棍棒）〟を以《もっ》て力づくで押さえつけるのではなく、〝財力（ドル）〟を以《もっ》て従えさせよう」というもの。

一見、前任者の「棍棒《ビッグスティック》」をチラつかせるよりは幾らか「平和的」になったように見えるかもしれませんが、要するに「返済見込みのない国に資金を融資し、返済が滞ったらこれを従属化する」というもので、やっていることは極道《ヤクザ》と変わりません(＊11)。

――歴史は繰り返す。

このように、約１世紀前の合衆国《アメリカ》が「20世紀の覇権国家」を目指して狡猾な〝ドル外交〟を行って中南米《ラテンアメリカ》の国々をつぎつぎと従属化させていきましたが、それから１００年の時を経た現在、「21世紀の覇権国家」を夢見た中国が「一帯一路」の路線上の国々に〝債務の罠(＊12)〟を仕掛けてこれを従属化させています。

現在、合衆国《アメリカ》はこうした中国のやり方を非難・糾弾していますが、歴史を学べば、合衆国《アメリカ》も〝同じ穴の狢《むじな》〟だということが理解できるようになります。

(＊08) ただ、このときの小村の判断が、果たしてほんとうに日本にとって有益だったのかどうかは現在に至るまで議論されるところで結論は出ていません。「あそこで桂ハリマン協定を成立させ、アメリカと友好を築けていたら太平洋戦争にはならなかったはず」と主張する人もいます。

(＊09) 正確には7年6ヶ月。一期目が前任者(W・マッキンレー)暗殺による副大統領からの昇格だったため。

(＊10) 「歴史視点②」参照。

(＊11) アメリカ人の出自を思い出すと、彼らの行動規範が見えてきます。「歴史視点①」参照。

(＊12) 返済不能な国に資本を融資しておき、その国がデフォルトに陥ったらこれを支配下に置くやり方。呼び方が違うだけで、基本的なやり口は「ドル外交」とまったく同じ。

人類史上初の「総力戦」第一次世界大戦勃発！これに便乗して20世紀の覇権国家を目指す！

ひさしぶりの民主党《デモクラティック》大統領登場

こうしたW《ウイリアム》・タフト大統領の〝あくどいやり方〟は、じつは敵対政党の「民主党《デモクラティック》」から糾弾されただけでなく、当時、国民からもひどく不人気だったため、共和党《リパブリカン》の中からすら「タフトでは次の大統領選に勝てない」「次期大統領選はもう一度T《セオドア》・ルーズヴェルト殿にご出馬願おう」と彼《タフト》に見切りをつける党員が生まれます。

そうした党内の不一致は、本来であれば次期大統領選までに調整して候補を統一しなければならないところですが、このときはついに両派の折合《おりあい》が付かず、ルーズヴェルト派が新党「進歩党《プログレッシブ》(＊01)」を結成して大統領選を戦うという異常事態に発展してしまいます。

これでは勝てる選挙も勝てません。

歴史視点⑥

大統領選挙中に党内の意思統一ができないようでは、大統領選に敗れる。

こうして1913年、久しぶりに「民主党《デモクラティック》」から大統領が選ばれることになりました。それがT《トーマス》・W《ウッドロー》・ウィルソンです。

「民主党《デモクラティック》が政権を握るのは、共和党《リパブリカン》が勝手にコケたときだけ（＊02）」という原則がまだ活きていることがわかりますが、では、久しぶりに「民主党《デモクラティック》」政権に代わったことによって、合衆国《アメリカ》の外交政策はどう変わったのでしょうか。

（＊01）「セオドア・ルーズヴェルトをふたたび大統領職に返り咲かせる」ということだけを目的として生まれた政党でしたから、1912年と1916年の2度、これに挑戦して敗れると、そのまま解体しました。

（＊02）「歴史視点②」参照。

時代の流れに我が身を合わせなければ亡《ほろ》びる

じつは、民主党《デモクラティック》政権になっても外交政策は共和党《リパブリカン》政権時代とほとんど変わることはありませんでした。

歴史というものは、環境・情勢・時局がお互いに干渉しつつ一定の均衡《バランス》が保ちながら流れているのですが、この均衡《バランス》が保たれている時代が所謂《いわゆる》「泰平の世（安定期）」であり、大きく崩れたときが「動乱の世（転換期）」となって、旧《ふる》い時代から新しい時代へと大きく歴史が動きはじめます（＊03）。

ひとたび歴史が動き始めるや、〝旧に属する者〟は個人であろうと組織であろうと、果ては大帝国・高度文明であろうとたちまち亡《ほろ》び、新しい時代の波に乗った者だけが〝次の時代《ネクステージ》〟を生き延びる資格が与えられます。

――脱皮できぬ蛇は死ぬ。

ニーチェのこの言葉の通り、国家も時代や国情に合わせて〝脱皮〟していかなければ、その先に待ち構えているのは〝死〟あるのみ、それができる国だけが〝次の段階《ネクステージ》〟を駆け上がる資格を手に入れることができるのです。

しかし、そうなれば時代を生き抜くための政策は限られてくるため、「共和党《リパブリカン》」が政権を獲ろうが「民主党《デモクラティック》」が政権を獲ろうが、政策は似たり寄ったりになります。

歴史視点⑦

歴史が時代の転換期に入ると、生き残りをかけた政策は限られてくるため、「共和党《リパブリカン》」「民主党《デモクラティック》」の政策の違いはなくなる。

「共和党《リパブリカン》」と「民主党《デモクラティック》」が相対する政策をぶつけ合うのは、時代の安定期だけです。

中立主義《ニュートラリズム》と帝国主義《インペリアリズム》の両立

合衆国《アメリカ》が建国以来２５０年もの時を乗り越えることができたのも、時代や世情の移り変わりとともに我が身を時代に合わせることができたからです。

たとえば、建国当初のＧ《ジョージ》・ワシントンは「中立主義《ニュートラリズム》」を掲げましたが、あれもワシントン

（＊03）このことを最近、経済学が転じた言葉で「ゲームチェンジ」といいます。

また、そうした「ゲームチェンジ」を引き起こす要因となったものを「ゲームチェンジャー」といいます。

個人の信念が形となって表れたというより、「中立主義《ニュートラリズム》」こそが当時の世情に合っていたと信じたからにすぎません。

建国まもなく、まだ国家体制が不安定なときに欧州《ヨーロッパ》の複雑な国際問題に巻き込まれては、国が四分五裂しかねませんから、「中立主義《ニュートラリズム》」を盾にしてこれを防ぎたかったのです。

ところが時代が下って状況が変わると、今度はこの「中立主義《ニュートラリズム》」が足枷《あしかせ》となってきます。

やがて「建国期」を乗り越え、国内が安定してくれば、自然と政治の矛先は〝外〟に向くようになりますが、そうなれば合衆国《アメリカ》の膝元に濫立《らんりつ》する中南米《ラテンアメリカ》諸国を我が支配下に置きたいと望むようになるのは自然な流れです。

しかし、そうなると合衆国《アメリカ》が国是とする「中立主義《ニュートラリズム》」が邪魔になる。

そこで第5代 J《ジェームズ》・モンローは、G《ジョージ》・ワシントン以来の「中立主義《ニュートラリズム》」の適用範囲を〝合衆国《アメリカ》一国〟から〝南北 米《アメリカ》 大陸全体〟へと拡大解釈することで「中立主義《ニュートラリズム》」と「帝国主義《インペリアリズム》」と両立させる妙手を思いつきます。

これが先に触れた「モンロー主義《ドクトリン》」です。

この〝裏技〟さえ身に着けてしまえば、あとは狙った〝獲物〟に合わせて拡大解釈を繰り返すだけです。

まずは19世紀いっぱいをかけて「辺 境《フロンティア》（＊04）」を呑《の》みこむと、いよいよ拡大解釈された「モンロー主義《ドクトリン》」を掲げて「米西戦争」を起こし、カリブ海を手に入れます。

そして、その舌の根も乾かぬうちに「モンロー主義《ドクトリン》」の範囲をさらに〝西半球（＊05）〟まで拡大解釈して中国に臨み（門戸開放宣言）、満洲《マンジュ》に手を伸ばし（桂ハリソン仮協定）ていきました。

「ご都合主義」といえばまったくそのとおりなのですが、時代を越えて生き残るためには、こうした厚顔無恥も激動の国際情勢を生き残る〝処世術〟の一環という側面があります。

共和党《リパブリカン》時代の政策を引き継ぐ

さて、そうした歴史的背景を踏まえたうえでW《ウッドロー》・ウィルソンを見たとき、彼の基本政策がどのようなものになるかは透けて見えてきます。

安定期であれば政策に「共和党《リパブリカン》」「民主党《デモクラティック》」の色が出ることもあるでしょうが、激動期《ゲームチェンジ》にあっては、政権が「共和党《リパブリカン》」であろうが「民主党《デモクラティック》」に変わろうが政府がやるべきことは〝その時代に我が身を合わせること〟であって、そこに政策の違いはなくなります（＊06）。


（＊04）合衆国内のうち、当時まだ白人の植民が進んでいなかった辺境地域のこと。

（＊05）地球を子午線で二つに分けた半分のうち、アメリカ大陸を中心として大西洋と太平洋東半が含まれる範囲。

（＊06）「歴史視点⑦」参照。

すでに見てまいりましたように、合衆国《アメリカ》はW《ウイリアム》・マッキンレー以来、T《セオドア》・ルーズヴェルト、W《ウイリアム》・タフトと3代にわたる共和党《リパブリカン》政権時代に「帝国主義《インペリアリズム》」へと舵を切りながら、口先だけは「モンロー主義《ドクトリン》」を叫ぶ〝二枚舌外交〟をつづけてきました。

そして今、久しぶりに民主党《デモクラティック》が政権を獲《と》ったのですから、W《ウッドロー》・ウィルソン大統領は共和《リパブリ》党《カン》時代の政策とは対照的な国家運営に乗り出すかと思いきや、やはり口先だけで「モンロー主義《ドクトリン》」を叫びながら、その裏では「帝国主義《インペリアリズム》」を遂行する——という共和党《リパブリカン》政権時代と変わらぬ〝二枚舌外交〟を行います。

具体的には、彼が大統領に就任した翌年に勃《お》こった「第一次世界大戦」に対し、口先では「中立！」を叫びながら、その裏では連合国へ武器・弾薬その他の軍需物資や資金を提供しつづける。

彼《ウィルソン》が大統領にあったのは「帝国主義《インペリアリズム》」時代の最盛期でしたから、これに我が身を合わせるしかない一方で、建国以来の国是「中立主義《ニュートラリズム》」も棄てられないジレンマにあったわけです。

参戦口実を探るウィルソン

ところで、類書を紐解《ひもと》けば、ウィルソン大統領は「心から平和を愛した大統領」などと評されていることが多いためこれを鵜呑《うの》みにしている方は多い。

しかし、それは「14ヶ条の平和原則」や「ノーベル平和賞(＊06)」といった彼《ウィルソン》の皮相《うわべ》の業績に目を奪われてその本質が見えていない心得違いにすぎません。

彼《ウィルソン》が声高に叫ぶ「平和」など政治家特有の〝方便〟にすぎず、その真意はこの大戦に介入することでした。

しかし、大統領の本意とは裏腹に、当時の合衆国《アメリカ》国民は建国以来の「中立主義《ニュートラリズム》」が社会の隅々にまで染み込んでいて参戦に否定的です。

「専制国家」や「独裁国家」(＊07)と違って、「国民国家」は戦争を始める前にまず国民の同意を必要としましたから、ウィルソン大統領がその〝野心〟を実現させるためには、どうしても輿論《よろん》を「参戦」に向かわせるだけの〝大義名分〟が必要でした。

(＊06)「ノーベル平和賞」など、大量虐殺を実行したアドルフ・ヒトラー（ホロコースト）やヨシフ・スターリン（ホロドモール）がノミネートされたり、世界各地（広島・長崎・ベトナム・南米など）で残虐行為を指揮したキッシンジャーが受賞したりする程度のもので、政治的駆け引きの道具にすぎません。

(＊07)よく混同されますが「専制」と「独裁」はまったく違う概念です。どちらも為政者が恣意的に権力を振るうことができる点は共通点がありますが、「専制」が国民の支持がなくとも統治が揺らぐことはないのに対して、「独裁」は国民（一部でもよい）の支持が必須で、これを失えばたちまち政権は崩壊します。

口先では「平和」を叫びつつ、死に物狂いで参戦口実を探すアメリカ

ルシタニア号撃沈事件

しかし、このウィルソン大統領という男は何かと運がいい。

開戦の大義名分を模索するウィルソン大統領の下に、機会《チャンス》が向こうから転がり込んできます。

それがドイツによる「（第1次）無制限潜水艦《Uボート》作戦《クリーク》」です。

これは「ドイツが認めた海域以外で艦《ふね》を発見したら、軍艦・商船・客船を問わず、敵船・中立船の区別なく、無警告・無条件で潜水艦《Uボート》を以《もっ》て撃沈する」というもので、ドイツはこれを当時米《アメリカ》英《イギリス》間を往復していた客船「ルシタニア号」の新聞広告のすぐ下で広告を打ちました。

「無警告で撃沈する！」と大々的に広告を打って〝警告〟しているのですから、なんとも滑《こっ》稽《けい》な感じがしますが、ドイツにしてみれば合衆国《アメリカ》に〝参戦口実〟を与えたくない一心からの苦

肉の策でした。

もしこのとき、ウィルソン大統領がほんとうに世評通りの「真に平和を愛する大統領」であったならば、「国民の身の安全」を第一に考えてルシタニア号に出航を控えるよう勧告したことでしょう。

しかし実際にはそうすることはありませんでした。

彼は出航を黙認したどころか、ルシタニア号に武器・弾薬を満載させて（＊01）出航させます。

――ルシタニア号が無事にイギリスに着けば兵器をイギリスに送ることができる。

もしドイツ潜水艦《Uボート》に撃沈されればアメリカ市民を殺したという〝戦争口実〟を得られる。

どちらに転んでも痛くも痒《かゆ》くもない。

ウィルソン大統領は〝戦争口実〟を得るために自国民の命を犠牲にした（＊02）わけで、どう考えても「平和主義者」の所業ではありません。

果たせる哉《かな》、大統領の思惑は現実のものとなってルシタニア号は撃沈され、多数のアメリ

（＊01）現在に至るまでその確固たる証拠は見つかっていませんが、「ルシタニア号が不自然なほどの大爆発を起こして沈没した」という証言や、「事件後、米英は証拠隠滅に奔走した」「海底に沈んだルシタニア号にわざわざ爆雷を打ち込んで粉砕した」などすべての状況証拠は〝クロ〟を示しています。

（＊02）「歴史視点③」参照。

力国民の命は海の藻屑《もくず》となって消えていきました。

こうして、今回もまた「合衆国《アメリカ》は開戦口実を得るためなら国民の犠牲すら厭《いと》わない」という原則が微塵も揺らぐことなく守られた結果、ウィルソン大統領の目論見通りアメリカの輿論《よろん》は沸騰。

ただ、このときは合衆国《アメリカ》の介入を恐れたドイツがただちに「無制限潜水艦作戦《Uボートクリーク》を中止」したこと、また、ドイツは事前に新聞広告で警告していたことが明らかになったことで輿論《よろん》はほどなく沈静化してしまい、この事件を以《もっ》てただちに開戦 —— とはならなかった点はウィルソンにとっては誤算でした。

とはいえ、この事件は〝参戦への布石〟とはなっていきましたし、「こんな事件があったにもかかわらず開戦しなかった」ということを、次の大統領選で「我々はあなたがたを戦地に連れていかなかった!」と喧伝《アピール》して、ウィルソンは二期目の当選を果たします。

民主党《デモクラティック》から出た大統領で「二期連続」務めた大統領は、民主党《デモクラティック》の創設者 A《アンドリュー》・ジャクソン以来80年ぶり(2人目)(＊03)のことでしたから、これは民主党《デモクラティック》にとって快挙でした。

ツィンメルマン電報事件

その後、1917年になると、追い詰められたドイツが「無制限潜水艦作戦《Uボートクリーク》」を再開(第2

次）したことで、ふたたび歴史が動きはじめます。

15年の「ルシタニア号事件」が蒸し返され、合衆国《アメリカ》の右派が大きく参戦に傾いたことに加え、さらに独《ドイツ》外相ツィンメルマンが発した暗号電文（＊04）が表沙汰になるに及んでついに左派まで参戦に傾き、輿論《よろん》が「参戦」一色になりました。

「輿論《よろん》さえ味方に付けてしまえばこっちのもの！」と言いたいところですが、ウィルソンの目的は単に「参戦すること」ではなく、「参戦することで20世紀の覇権国家になること」でしたから、そうなるとそれに相応《ふさわ》しい〝大義名分〟が必要になります。

しかし、この〝大義名分〟を得るためには「ロシア帝国」が障害となりました。

当時、同盟国の独《ドイツ》・墺《オーストリア》・勃《ブルガリア》・土《オスマン》はいずれも「帝国（＊05）」、すなわち専制君主体制であり、これを「悪の帝国」と決めつけて大衆を煽《あお》ることは可能でしたが、味方陣営に問題がありました。


（＊03）この２人の間にS・クリーブランド大統領が２期務めているのですが、１期目と２期目の間にハリソン大統領（共和党）を挟んでいますので〝連続〟ではありません。

（＊04）なんとしてもアメリカの介入を阻止したかったドイツがメキシコの参戦を促すべく発信した電報。「もしメキシコがドイツと同盟し、アメリカと交戦してくれたなら、戦後、テキサス州・ニューメキシコ州・アリゾナ州をメキシコに与えよう」というもの。

歴史視点⑧

アメリカ合衆国が開戦するときは、まず最初に「合衆国《アメリカ》が正義」「敵は〝悪の帝国〟」という虚構《ファブリケーション》をでっち上げる。

英《イギリス》・仏《フランス》は民主国家だからいいとして、露《ロシア》が専制君主体制《ツァーリズム》であったため、

――民主主義陣営を護るため！

――専制国家に〝正義の鉄槌〟を下すため！

…という合衆国《アメリカ》〝十八番《おはこ》〟となる大義名分が使えません。

せっかく輿論《よろん》も参戦に傾いたのに、ロシアが障害となって参戦できないジレンマ。

しかし、ここでもウィルソンは強運でした。

合衆国《アメリカ》、ついに軍事介入

この絶妙なタイミングでロシアに革命が勃発、帝政ロシアが斃《たお》れてしまったのです。

このおかげで協商陣営は「民主国家一色」となり、「民主国家VS専制国家」という〝大義名

分〟を手に入れることに成功したウィルソン大統領は、念願の欧州《ヨーロッパ》への派兵を実行に移すことができるようになりました。

すでに満身創痍《そうい》であったドイツに合衆国《アメリカ》と戦う余力なく、事ここに至って戦争は急速に終結に向かうことになります。

20世紀初頭、合衆国《アメリカ》はここにおいて建国以来初めて欧州《ヨーロッパ》に派兵（＊06）するとともに、これが「アメリカ覇権時代」の足掛かりとなります。


（＊05）それぞれの帝号はドイツとオーストリアが「カイザー」、ブルガリアは「ツァール」、オスマンが「スルタン」となります。ただし、「ツァール」を「王」と見做すか「帝」と見做すかは学者によって意見の分かれるところではあります。

（＊06）これまで見てまいりましたように、中国や太平洋地域への派兵なら小規模ながらすでに例がありましたが。

《 第3章 》

覇権国家への道

イギリスを追い落としつつ
合衆国に都合のいいルールを作成

戦後の国際秩序《インターナショナル・オーダー》を牽引する覇権国家となるため、大風呂敷「十四ヶ条」を広げるウィルソン

十四ヶ条の平和原則

大戦が終わると、ウィルソン大統領は意気軒昂《やるきまんまん》、合衆国《アメリカ》建国以来初めての「大統領御《おん》自ら海《アトランティック》を渡って欧州《ヨーロッパ》に出向く」という快挙を引っ提《さ》げて、パリ講和会議に参加するという気の入れようでした。

彼《ウィルソン》の思惑は「正義」を〝錦の御旗〟にこの会議を主導し、崩壊した国際秩序《インターナショナル・オーダー》を再建する、その立役者として戦後世界の覇権国家に君臨しようというもの。

彼が欧州《ヨーロッパ》に到着したとき、各地で「We want Wilson!（我々にはウィルソンが必要だ）」と熱狂を以《もっ》て迎えられましたから、ここまでのウィルソンによる〝大衆を欺《あざむ》くイメージ戦略〟は見事に成功していたことが窺《うかが》えます。

しかし、「そうはさせじ！」と彼《ウィルソン》の前に立ちはだかったのが老獪《ろうかい》イギリス。

彼《ウィルソン》の野望を成し遂げるためにはこのイギリスを抑え込まなければなりませんが、痩《や》せて

も枯れてもイギリス、これを黙らせるためには国際輿論《よろん》を味方に付ける必要があります。

そのために彼《ウィルソン》が用意したものが「十四ヶ条の平和原則」でした。

その内容は以下の通り。

①秘密外交の禁止　②公海の自由
③関税障壁の撤廃　④軍備縮小
⑤植民地問題の公正な解決　⑥～⑬欧州《ヨーロッパ》諸国における民族自決
⑭国際平和機構（＊01）の設立

なるほど、「平和」を前面に押し立てて耳に心地よい文句《フレーズ》が並べられています。

歴史に疎《うと》い人はこうした〝巧言令色（＊02）〟に簡単に惑わされ、彼のことを「真に平和を愛した大統領」「正義なる人ウィルソン」などと思ってしまいます。

しかし、しっかりと歴史背景を学び、彼の〝言葉〟ではなくその〝行動〟をよく検証すれば、

（＊01）のちの「国際連盟」。

（＊02）中身のない口先だけの言葉と、愛想のいい顔色で取り繕って相手を心地よくさせること。『論語』より。

彼のいう「平和」などただの〝空念仏〟にすぎないと看破することができるようになります。

では、ここからそれをひとつひとつ紐解《ひもと》いていくことにしましょう。

①「秘密外交の禁止」

――じつは、連合国陣営（英《イギリス》・仏《フランス》・伊《イタリア》・露《ロシア》）は戦時中、さまざまな〝秘密外交〟に手を染めていました。

それは、彼らが掲げてきた「正義のため！」「民主主義を護るため！」という大義名分と矛盾する内容であったため〝秘密〟にせざるを得なかったからですが、それを1918年、ソヴィエト《USFSR》（＊03）が曝露《ばくろ》してしまったため、世界中の人々に英《イギリス》・仏《フランス》の欺瞞《ぎまん》が明らかとなって彼らの威信・指導力に翳《かげ》りが差していました。

合衆国《アメリカ》とて英《イギリス》・仏《フランス》同様、戦前も戦中も当たり前のように秘密外交をしていましたが、自分に火の粉が降りかかる前に「我が国《アメリカ》は英《イギリス》・仏《フランス》とは違う！」「潔白である！」と世界に喧伝《アピール》したい。

それが「秘密外交の禁止」という形となって表れたにすぎません。

②「公海の自由」

――表向きは「海はみんなのものだよね？　誰か一国が独占するってよくないよね？」ともっともらしい〝正論〟を振りかざしていますが、当時、制海権を独占していたのはイギリスでしたから、要するにこれは「正論を盾にして旧覇権国イギリスから制海権を剥奪《はくだつ》してやろう」という合衆国《アメリカ》のドス黒い野望の表れにすぎません。

③「関税障壁の撤廃」

――そもそも「関税」というものは〝経済的に比較劣位にある国が比較優位にある国から身を護るための防具〟なのであって、〝障壁《バリヤー》〟でも〝悪〟でもありません。

しかし、比較優位にある国にとっては目障り以外の何物でもないもの。

当時、合衆国《アメリカ》が世界一の経済大国(*04)でしたから、これをなんとか非合法化したい。

そこで関税を「障壁《バリヤー》」と呼んで、さも〝悪〟であるかのように印象操作《イメージコントロール》して国際輿論《よろん》を味方に付けようとしたものにすぎません。

④「軍備縮小」

――「このような戦禍が二度と起きないように、世界中の国々が手に手を取って軍備を縮小しよう」というのは建前。

本気でそう思うなら、まず自らが手本となって軍備縮小しなければなりませんが、当時

(*03) ソヴィエトは初め「ロシアソビエト連邦社会主義共和国(RSFSR)」として建国(1917年)され、その後、他の社会主義共和国と「ソビエト社会主義共和国連邦(USSR)」を結成(1922年)しています。したがって、このとき(1918年)のソヴィエトはまだ「USSR」ではなく「RSFSR」。

(*04) つまり「関税」をかけられて都合が悪いのは、つねにアメリカ側でした。

なぁ～んてね！
ホントはイギリスの
海上覇権を切り崩して
パックス=アメリカーナ
を実現するためさ！
第1条
秘密外交の禁止
お怒りはごもっとも。
そこで、十四ヶ条の
最初にこんな条項を
作りましたが、いかが？
しかし以後
レーニン自身
秘密条約を
多数締結
暴露
1917.12/5
てめ～ら、口を開けば
キレイ事ばっかり言いやがるが、
てめ～らが裏でどんなことしてるか
国民にバラしてやっぜ！
秘密条約
秘密条約
サイクス=ピコ協定
ロンドン密約
ロシアからの撤退
第6条
ポーランドの独立
第13条
国際連盟
国際平和の維持のための
組織が必要なのである！
第14条
国際平和機構の設立
コイツを介して
世界をアメリカの
思い通りに支配
してやるぜ！
第10条
オーストリア
帝国民族自治
合衆国大統領 第28代
トーマス=ウッドロー
ウィルソン
'13.3/4 - '21.3/4
第11条
バルカンの復旧
第12条
オスマン帝国
内の民族自治
関税は、経済的に比較劣位にある
国にとって身を守る鎧のようなもの。
関税撤廃は、裸で戦場に出ろと
言っているようなものだぞ！
第3条
関税障壁の撤廃
国際平和を維持するためには
自由と平等はたいせつだよね～
だから、関税障壁を撤廃する
のがスジってもんだよね～
関税障壁
経済的弱国

■十四ヶ条の平和原則

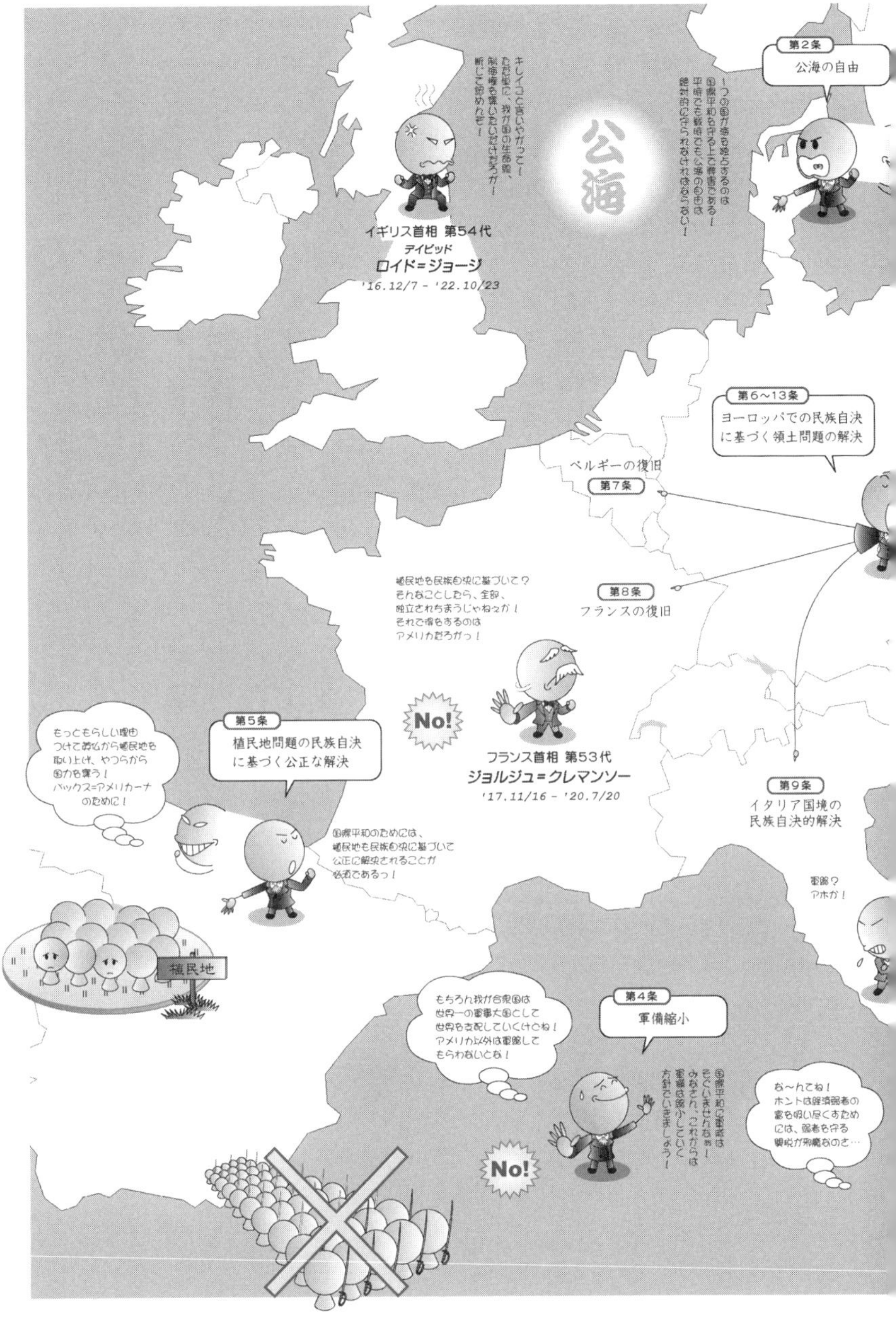
第2条
公海の自由
一つの国が海を独占するのは
国際平和を守る上で弊害である！
平時でも戦時でも公海の自由は
絶対的に守られなければならない！
公海
キレイごと言いやがって！
わが国に、我が国の生命線、
制海権を奪いたいだけだろが！
断じて認めねぞ！
イギリス首相 第54代
デイビッド
ロイド＝ジョージ
'16.12/7 - '22.10/23
第6～13条
ヨーロッパでの民族自決
に基づく領土問題の解決
ベルギーの復旧
第7条
第8条
フランスの復旧
植民地を民族自決に基づいて？
それなことしたら、全部、
独立されちまうじゃねぇか！
それで得をするのは
アメリカだろがっ！
No!
フランス首相 第53代
ジョルジュ＝クレマンソー
'17.11/16 - '20.7/20
第9条
イタリア国境の
民族自決的解決
第5条
植民地問題の民族自決
に基づく公正な解決
もっともらしい理由
つけて英仏から植民地を
取り上げ、やつらから
国力を奪う！
パックス＝アメリカーナ
のために！
国際平和のためには、
植民地も民族自決に基づいて
公正に解決されることが
必須であるっ！
植民地
軍縮？
アホか！
第4条
軍備縮小
もちろん我が合衆国は
世界一の軍事大国として
世界を支配していくけどね！
アメリカ以外は軍縮して
もらわないとな！
国際平和に軍隊は
必要ございませんなぁ！
みなさん、これからは
軍備は縮小していく
方針でいきましょう！
No!
な～んてね！
ホントは経済弱者の
富を吸い尽くすため
には、弱者を守る
関税が邪魔なのさ…

歴史視点⑨

「合衆国《アメリカ》が正義」「敵は〝悪の帝国〟」という虚構《ファブリケーション》をでっち上げるためなら、アメリカは、捏造・印象操作・国際ルールの改変、どんな悪行非道も厭《いと》わない。

アメリカが世界一の軍事大国（＊05）。

本心は「これから合衆国《アメリカ》が世界を牛耳るためには、合衆国《アメリカ》以外のすべての国に軍備を縮小してもらって合衆国《アメリカ》が絶対的軍事大国に君臨せねばならぬ」というのが本音。

⑤「植民地問題の公正な解決」

――これも言葉だけは御立派だが、では何を以《もっ》て「公正」なのか。それは誰が決めるのか。もちろん、合衆国《アメリカ》にとって都合のよいやり方が「公正」であり、それを合衆国《アメリカ》が決める。

当時、最大の植民地大国が英《イギリス》・仏《フランス》でしたから、これも英《イギリス》・仏《フランス》を標的《ターゲット》として彼らの世界支配を剝奪《はくだつ》しようという魂胆が透けて見える。

⑥～⑬「民族自決」

――民族自決とは、「どの政府に属するかはそれぞれの民族が自らの意思で決めるべきである」というもので、今回もまた耳に心地よい言葉の中に〝悪意〟が隠されています。

合衆国《アメリカ》の意図するところは、戦前まで欧州《ヨーロッパ》において多民族帝国として君臨していたロシア・オーストリアを解体することと、それと同時に、そうして生まれた新独立国をソヴィエト《USFSR》から西欧を防衛するための〝防疫線《コルドンサニテール》（＊06）〟とすること。

それが証拠に、第一次世界大戦後に独立が認められた国は、北は白海から南は地中海まで一直線に並び、ソヴィエト《USFSR》と西欧諸国のちょうど真ん中を分断する形になっており、ＡＡ《アジアアフリカ》圏で適用された国・地域はただのひとつもありません。

⑭「国際平和機構の設立」

――再建された新国際秩序「ヴェルサイユ体制」を守るための組織として、国際平和機構を設立するべきである――というものですが、これを〝隠れ蓑《カムフラージュ》〟として戦後合衆国《アメリカ》が世界を支配するための〝道具〟としようとしているにすぎません。

要するに、『十四ヶ条』の真意は「イギリスから覇権《ヘゲモニー》を奪い、20世紀の覇権国家として合衆国《アメリカ》が君臨するための野心をきれいごとで包んだもの」といえます。

（＊05）第二次大戦後、アメリカは「平和憲法」などと称して日本に「非核」と「武装解除」を押し付けてきましたが、自らは世界一の「核保有国」「軍事大国」であるのといっしょ。どれほどの時間が流れても国家・民族の本質は変わらない。

（＊06）本来は「疫病の拡大を防ぐための防壁」を指す言葉ですが、ここでは共産思想を疫病になぞらえて「共産思想の拡大を防ぐための防壁となる国々」を意味します。次ページの地図を参照のこと。

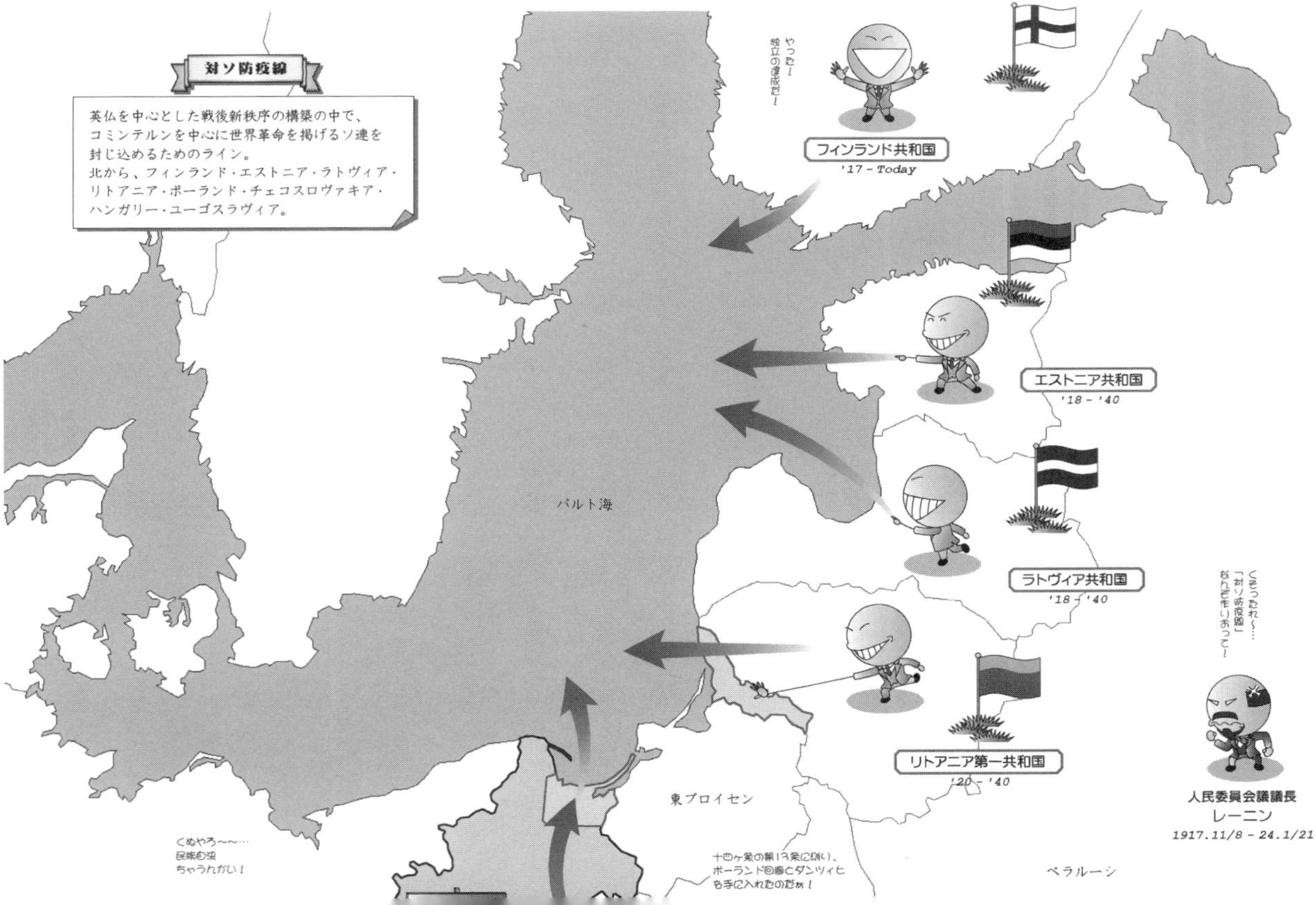
対ソ防疫線
英仏を中心とした戦後新秩序の構築の中で、
コミンテルンを中心に世界革命を掲げるソ連を
封じ込めるためのライン。
北から、フィンランド・エストニア・ラトヴィア・
リトアニア・ポーランド・チェコスロヴァキア・
ハンガリー・ユーゴスラヴィア。
やった!
独立の達成だ!
フィンランド共和国
'17 - Today
エストニア共和国
'18 - '40
バルト海
ラトヴィア共和国
'18 - '40
くそったれ～…
「対ソ防疫線」
なんぞ作りおって!
リトアニア第一共和国
'20 - '40
東プロイセン
人民委員会議議長
レーニン
1917.11/8 - 24.1/21
くぬやろ～～…
民族自決
ちゃうんかい!
十四ヶ条の第13条に則り、
ポーランド回廊とダンツィヒ
を手に入れたのだぁ!
ベラルーシ

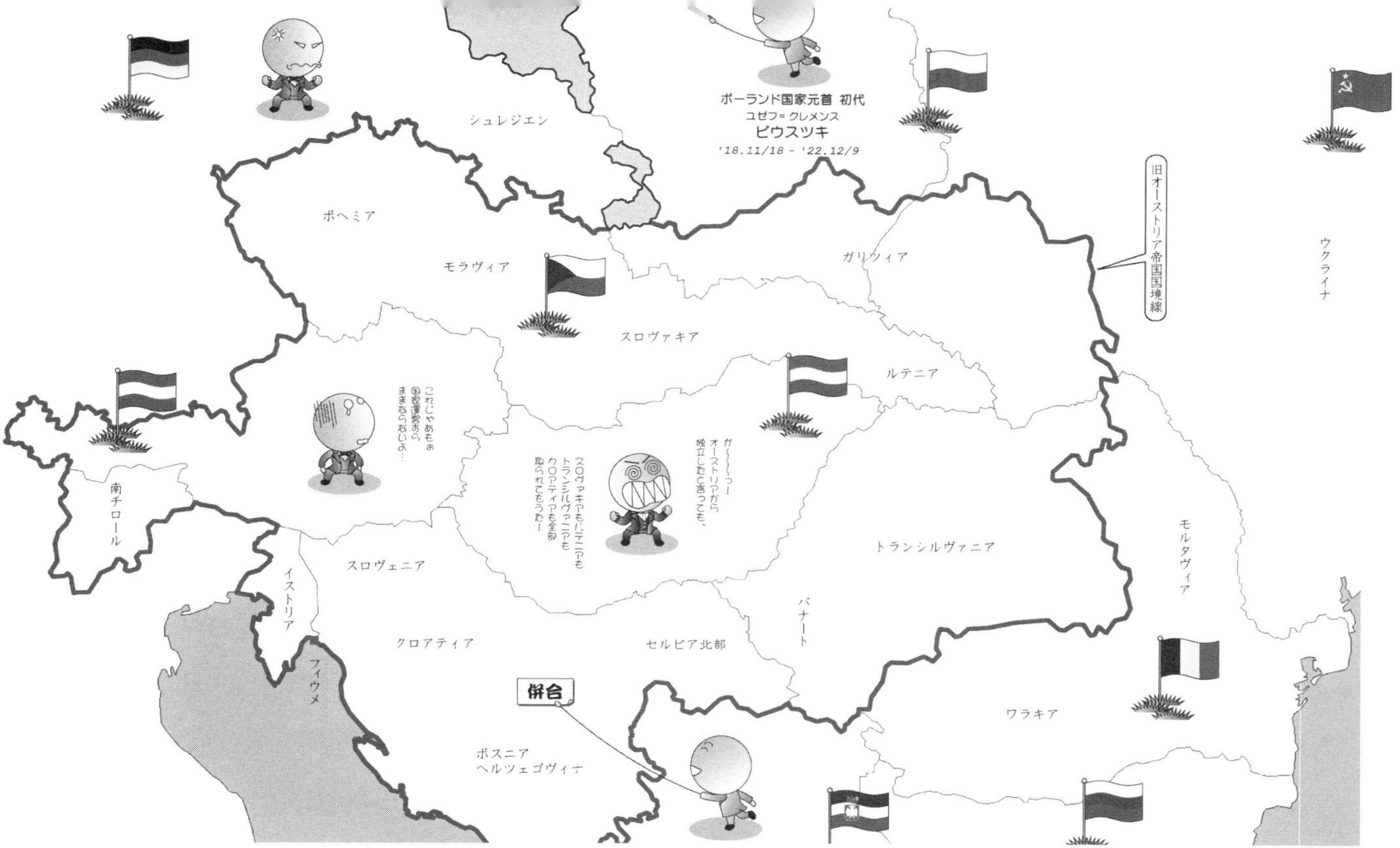
ポーランド国家元首 初代
ユゼフ＝クレメンス
ピウスツキ
'18.11/18 - '22.12/9
シュレジエン
ボヘミア
モラヴィア
ガリツィア
スロヴァキア
ルテニア
旧オーストリア帝国国境線
ウクライナ
これじゃあもぉ
国家運営すら
ままならないよ…
ガ～～っ！
オーストリアから
独立したと言っても、
スロヴァキアもルテニアも
トランシルヴァニアも
クロアティアも全部
取られてもうた！
南チロール
スロヴェニア
イストリア
フィウメ
クロアティア
セルビア北部
バナート
トランシルヴァニア
モルタヴィア
ワラキア
併合
ボスニア
ヘルツェゴヴィナ

繰り返される〝歴史的誤ち〟

パリ講和会議は、表向きこそ「交戦国のすべての国々が意見を出し合って戦後の国際平和について話し合う場」ということになっていましたが、その実態は小国に発言権などほとんど与えず、重要案件は「主要5ヶ国10人の全権(＊07)が独占的に決定する」というものでした。

それでも飽き足らず、ほどなく「秘密保持のため」という口実で主要5ヶ国中唯一の有色人種であった日本が締め出されて「四人会議」となり、さらにフィウメ帰属問題(＊08)でイタリアが席を蹴ったことで米《アメリカ》・英《イギリス》・仏《フランス》だけの「三巨頭会議」となり、この3人(＊09)が密室の中で「パリ講和会議」を動かしていくことになります。

今しがた『十四ヶ条』の第一条で「秘密外交の禁止」を謳《うた》ったウィルソンが、その舌の根も乾かないうちに密室でコソコソと「秘密外交」しているのですから、彼《ウィルソン》の言う「平和外交」など、己《おのれ》の野心を隠すための〝方便〟にすぎないということがここにも表れています。

振り返れば。

これより遡《さかのぼ》ること100年前、史上初の国際秩序《インターナショナル・オーダー》「ウェストファリア体制」が崩壊して、その再建のために集まった「ウィーン会議」でも、欧州《ヨーロッパ》中の国々を集めて「今後の国《インター》際秩序《ナショナル・オーダー》について、みんなで話し合う」という名目で臨《のぞ》みながら、いざ開催されてみれば、「小国の意見は蔑《ないがしろ》にして主要四ヶ国(英《イギリス》・普《プロイセン》・墺《オーストリア》・露《ロシア》)が重要案件のほとんどを独断専行する」という有様でした。

周りの意見を聞かず、一部の者の利害だけをゴリ押しした結果など先が知れています。

こうして創り上げた「ウィーン体制」はわずか30余年で崩壊、それが「第一次世界大戦」へと繋《つな》がっていくという失敗を経験しました。

しかし、歴史に学ぶことなく今また同じ過ちを繰り返す白人列強。

同じ状況に対して同じ言動を以《もっ》て対処すれば、同じ結果が待ち受けるのは当たり前のこと。

今回創られた新国際秩序「ヴェルサイユ体制」もわずか15年で崩壊、仏《フランス》陸軍のＦ《フェルディナン》・フオッシュ元帥も看破しています。

「これはとても〝講和〟などと呼べる代物ではない。せいぜい20年間の〝休戦〟にすぎない。」

そして歴史はまさに彼の言った通りに展開し、講和会議からちょうど20年後、ヒトラーが「ポーランド進撃」を開始して第二次世界大戦が勃発しました。


（＊07）五大国（米・英・仏・伊・日）の国家元首クラス（首相・大統領など）・外相クラスの各国全権10人。彼らで構成されたのが「十人会議」。

（＊08）イタリアは「未回収のイタリア」問題を抱えており、ここで米・英・仏と意見が決裂してしまいました。

（＊09）米大統領Ｗ・ウィルソン、英首相Ｒ・ジョージ、仏首相Ｇ・クレマンソーの3人。

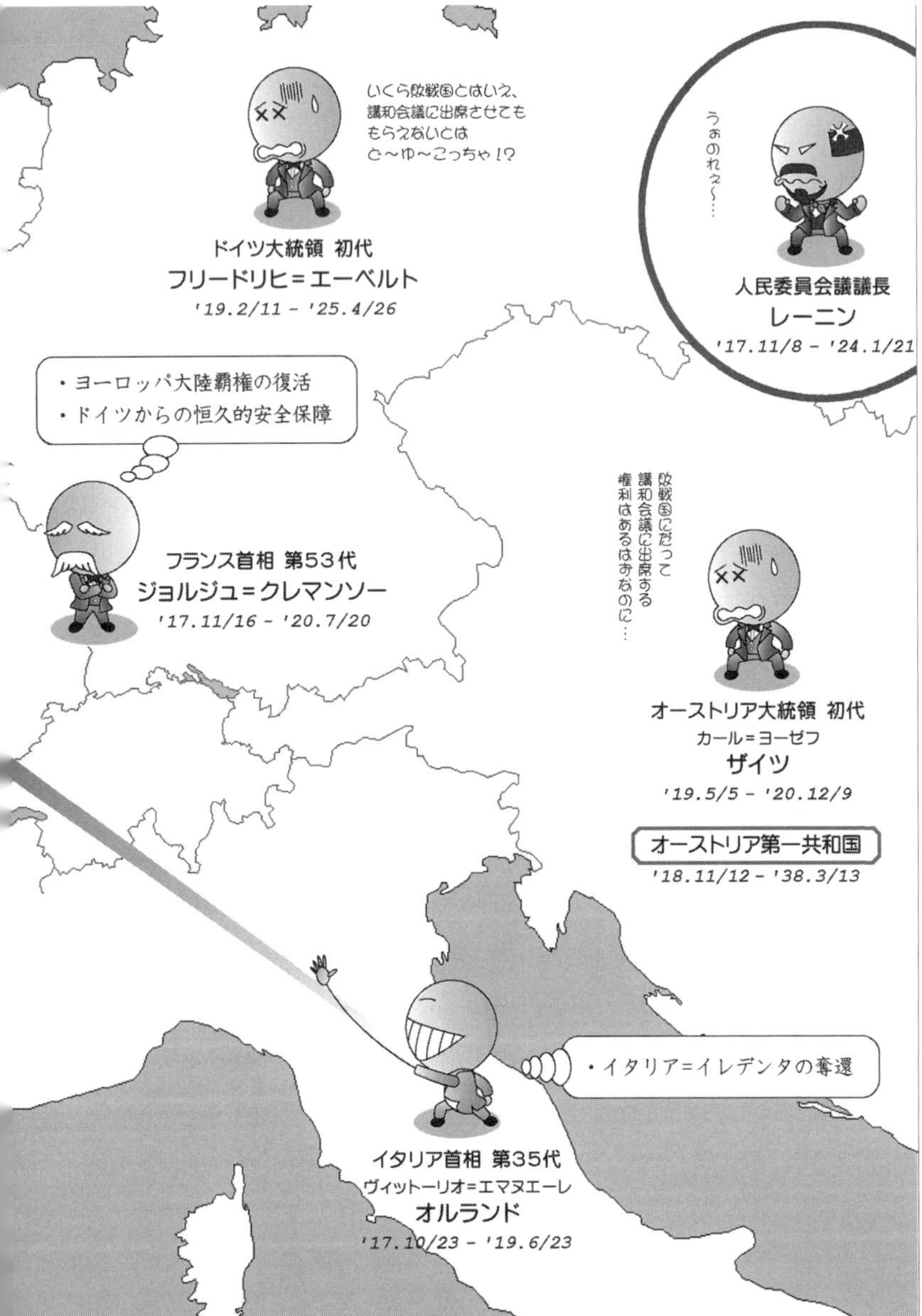
いくら敗戦国とはいえ、
講和会議に出席させてもらえないとはど〜ゆ〜こっちゃ!?
ドイツ大統領 初代
フリードリヒ=エーベルト
'19.2/11 - '25.4/26
うぉのれぇ〜…
人民委員会議議長
レーニン
'17.11/8 - '24.1/21
・ヨーロッパ大陸覇権の復活
・ドイツからの恒久的安全保障
フランス首相 第53代
ジョルジュ=クレマンソー
'17.11/16 - '20.7/20
敗戦国にだって講和会議に出席する権利はあるはずなのに…
オーストリア大統領 初代
カール=ヨーゼフ
ザイツ
'19.5/5 - '20.12/9
オーストリア第一共和国
'18.11/12 - '38.3/13
・イタリア=イレデンタの奪還
イタリア首相 第35代
ヴィットーリオ=エマヌエーレ
オルランド
'17.10/23 - '19.6/23

■主要国の思惑

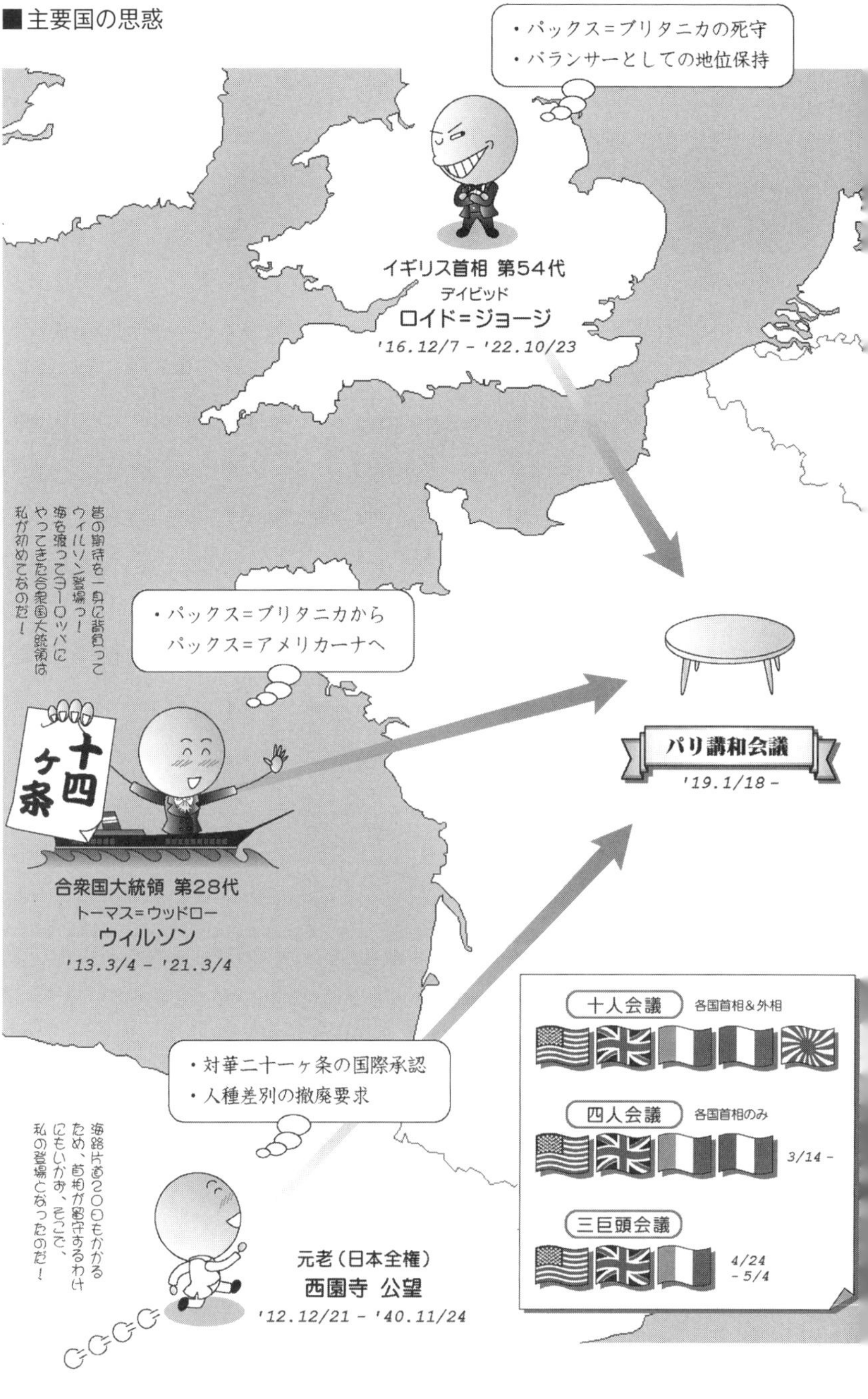
・パックス=ブリタニカの死守
・バランサーとしての地位保持
イギリス首相 第54代
デイビッド
ロイド=ジョージ
'16.12/7 - '22.10/23
皆の期待を一身に背負って
ウィルソン登場っ！
海を渡ってヨーロッパに
やってきた合衆国大統領は
私が初めてなのだ！
・パックス=ブリタニカから
パックス=アメリカーナへ
十四ヶ条
合衆国大統領 第28代
トーマス=ウッドロー
ウィルソン
'13.3/4 - '21.3/4
パリ講和会議
'19.1/18 -
十人会議
各国首相＆外相
四人会議
各国首相のみ
3/14 -
三巨頭会議
4/24
- 5/4
・対華二十一ヶ条の国際承認
・人種差別の撤廃要求
海路片道20日もかかる
ため、首相が留守するわけ
にもいかぬ。そこで、
私の登場となったのだ！
元老（日本全権）
西園寺 公望
'12.12/21 - '40.11/24

何度過ちを繰り返しても同じ失敗を繰り返す人々を見るにつけ、ヘーゲルの箴言《しんげん》が響く。

——我々が歴史から学んだ唯一のことは、
　我々は歴史から何ひとつ学ばないということだ。

都合が悪くなるとルールを変える

ところで、十四ヶ条（第14条）に基づいて「国際連盟」が結成されることになりましたが、その委員会で「国連憲章」が協議されることになったとき、日本（*10）が主張した議案が大きな問題となりました。

それが「人種差別撤廃案」です。

——国連憲章に「人種差別撤廃」条項を加えるよう要求する！

明治維新以来、日本は「有色人種」というだけで辛酸を舐《な》めさせられつづけてきましたから、戦勝国として発言権があるこの機にこうした差別待遇を払拭したいと考えたためでした。

しかし、これに対する欧米列強の反応はすさまじいもの。

「過去の国際関係の中でも前例のない脅迫である！」
——米国務長官R《ロバート》・ランシング

「ジャップには絶対にしゃべらせない！」
——米最高顧問E《エドワード》・M《マンデル》・ハウス

「我が国《イギリス》は絶対に同意しない！」
——英政務次官R《ロバート》・セシル

「有色人種どもが我々白人と対等であろうはずもない。」――英外相A《アーサー》・バルフォア
「あのチビは何を言っているのだ？」――仏首相G《ジョルジュ》・クレマンソー
ノーベル平和賞を受賞したセシル卿、西園寺公望《さいおんじきんもち》と〝親友〟といって憚《はばか》らなかった仏首相クレマンソーですらこの発言。
合衆国《アメリカ》もその独立宣言前文で「All men are created equal.（＊11）」と謳《うた》いながら、その心の奥底に悶々と渦巻く差別意識をどうしても払拭することができず、このとき委員会の議長であったW《ウッドロー》・ウィルソンも、なんとかこれを有耶無耶《うやむや》にしようと画策。
「この問題は冷静にじっくりと話し合うべき類のものであり、性急に結論を出すべきではない。」
彼《ウィルソン》は提議そのものを取り下げるよう圧力をかけましたが、当時「サイレント・パートナー」などと揶揄《やゆ》されるほど自己主張をしなかった日本にしては珍しく、このときばかりは退《ひ》きませんでした。

（＊10）当時、パリ講和会議における日本全権は西園寺公望。
（＊11）一般的な翻訳は「すべての人は（神によって）平等に創られている」となりますが、じつはこれ誤訳です。ただし、ここでは長くなるため詳しくは触れません。詳細を知りたい方は『世界史劇場 アメリカ合衆国の誕生』（ベレ出版）をご参照ください。

——この原則が拒否されるならば、
我が国は国連加盟国間の平等が認められていないと見做《みな》すであろう。
こうしてウィルソンの思惑は外れ、採決まで進むことになります。
——賛成 11
——反対 5（*12）
こうして史上初めて「人種差別撤廃法」が成立——したかと思いきや、間髪を容《い》れず議長だったウィルソンがこれを制します。
「本案のごとき重要案件は全会一致でなければならない！
よって、本案は不採択とする！」
ここまで議案は「多数決」で来たのに、ここにきて突然のルール変更。

歴史視点⑩

欧米は自分たちが自分たちの都合で作ったルールを異文化圏にも強要してくるが、それが自分たちにとって不都合になると平然とルールを改変または破棄する。

しかしながら、この「都合が悪くなるとルールそのものを改変してくる」というやり口は、今ここに始まったことではなく、古来欧米諸国の常套《じょうとう》手段ではあるのですが（＊13）。

（＊12）厳密には「反対」ではなく「保留」。心情的には「反対」だが、「正義という論争の余地のない原則」（元仏首相レオン・ブルジョワの言葉）を前にはっきりと「反対」と表明することが憚られたため「保留」にしています。

（＊13）例を挙げれば枚挙に遑ありませんが、身近な例では、オリンピックなどで日本人がメダルラッシュをかけると、かならず日本人に不利になるようにルール改変が行われます。他にも「ガソリン自動車販売規制」「日本アニメのポリコレ規制」など、欧米がなんらかの改変・強制を強いるとき、そこに彼らの醜い悪意が隠れていることを看破しなければならない。

《 第4章 》

狂騒の20年代

「日本潰し」を徹底しつつ
世界大恐慌から第二次世界大戦へ

戦後の新国際秩序の牽引に失敗した合衆国《アメリカ》はアジア太平洋地域に覇を唱えんとする

ヴェルサイユ体制の成立

こうして、ウィルソン大統領は戦後における「アメリカ覇権時代」を夢想して東奔西走しましたが、事は彼の思い通りに運びませんでした。

戦中は一時の熱狂で「参戦！」に傾いた輿論《よろん》でしたが、戦後はたちまち冷めて急速に伝統的な「中立主義《ニュートラリズム》」へと戻っていきます。

その結果、連邦議会は〝ねじれ（＊01）〟を起こし、共和党《リパブリカン》議会は「中立主義《ニュートラリズム》」を掲げてウィルソンの「覇権主義」に反対、苦境に立たされた大統領は輿論《よろん》を味方に付けんと老体に鞭打ち全国遊説を強行します。

しかし、それが祟《たた》ったか、彼は脳溢血《いっけつ》で倒れてしまいました。

大統領が病魔に倒れたことで上院がさらに勢いづき、ついに「米大統領（ウィルソン）肝煎《きもいり》の『国際連盟』には加盟しない」という結果に終わってしまいます。

国連に参加できないのでは「国連をアメリカ覇権の〝道具〟として利用する(＊02)」というウィルソンの野望は水泡に帰し、国連は「英仏が自国の覇権《ヘゲモニー》を護《まも》るための機関」に成り下がることになりました。

歴史視点⑪

旧《ふる》い伝統政策から新時代を支える革新政策への移行は〝一足飛び〟というわけはいかず、かならず〝新旧の壮絶な綱引き〟が行われる期間がある。

これにより、19世紀に引きつづきもう少しだけイギリスが覇権《ヘゲモニー》を保持することになりましたが、しかしもはやイギリスに昔日の面影なく、「欧州《ヨーロッパ》」の中だけで覇を唱えるのが精一杯、

（＊01）連邦政府と連邦議会の与党が異なる現象のこと。１９１８年の中間選挙では上院・下院ともに共和党が過半数を取り、民主党のウィルソン大統領の政策にことごとく反対するようになっていました。

（＊02）小中学校などでは、国連について「世界平和と安全を維持するための国際機関」などと教えますから、それを鵜呑みにしたまま大人になってしまっている人が多いですが、あれは国連が掲げた「プロパガンダ」をそのまま使用しているだけであって、国連の本質を説明したものではありません。

しかも、超大国・合衆国《アメリカ》の意向を無視して動くこともできず、ましてや東アジア・太平洋地域まで力は及ばない。

こうして成立した新国際秩序が「ヴェルサイユ体制」です。

東アジア・太平洋地域に進出

ウィルソン大統領が失意のうちに表舞台（政界）から去ると、次に大統領の椅子を勝ち取ったのは「常態への復帰《リターン・トゥ・ノーマルシー》」「米国第一主義《アメリカ ファースト》」を掲げて大統領選を戦ったW《ウォレン》・G《ガメイリアル》・ハーディングです。

彼は共和党《リパブリカン》出身であり、「非常時（戦争）」から「平時（戦後）」に戻った途端、民主党《デモクラティック》はその歴史的役割を終え、ふたたび共和党《リパブリカン》政権に戻っていることがわかります。

歴史視点⑫

20世紀に入るとほどなく、合衆国《アメリカ》の政権政党は「平時の共和党《リパブリカン》、戦時の民主党《デモクラティック》」を原則とするようになる。

以降、合衆国《アメリカ》は戦後10年間（19～29年）「狂騒の20年代《ローリングトゥエンティズ》」と呼ばれる〝我が世の春〟を謳歌することになりますが、洋の東西と古今を問わず、国内問題を解決し国力が充実した国はかならず、その漲《みなぎ》る力を〝外〟に向けるもの。

歴史視点⑬

国内問題を解決した国は、その持て余した国力を〝外〟に向けるようになる。

ハーディングがまだ上院議員だったころは、共和党議員《リパブリカン》として合衆国《アメリカ》が国連に参加することに反対、ウィルソン大統領の〝覇権国家への道〟を阻《はば》んでいましたが、いざ自分が大統領に就くや前言撤回、彼《ハーディング》もまた「覇権国家」へと舵を取ることになるのでした（＊03）。

ここだけ見ると、「無定見はなはだしい！」と思ってしまいますが、すでに申し上げましたように、当時は「帝国主義《インペリアリズム》」時代の真っただ中、歴史の荒波の中を生き抜いていくためには

（＊03）「歴史視点⑦」参照。

Paris Conference

'19.1/18 - '20.8/10

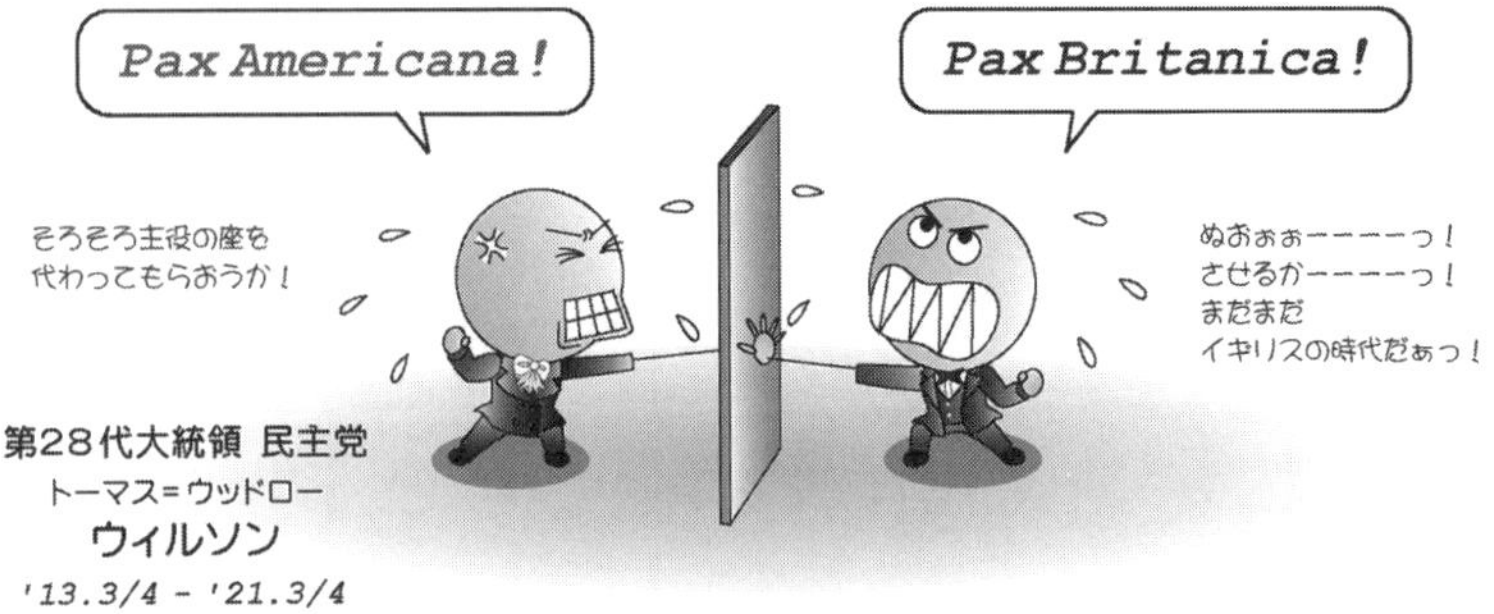

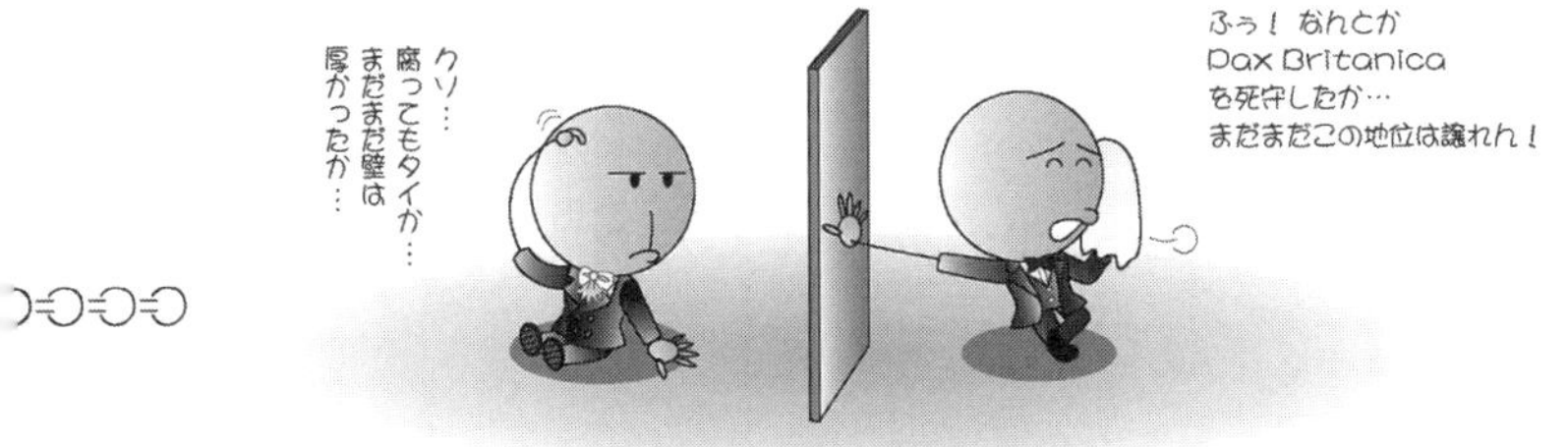

ヴェルサイユ体制

(ヨーロッパにおける新国際秩序)

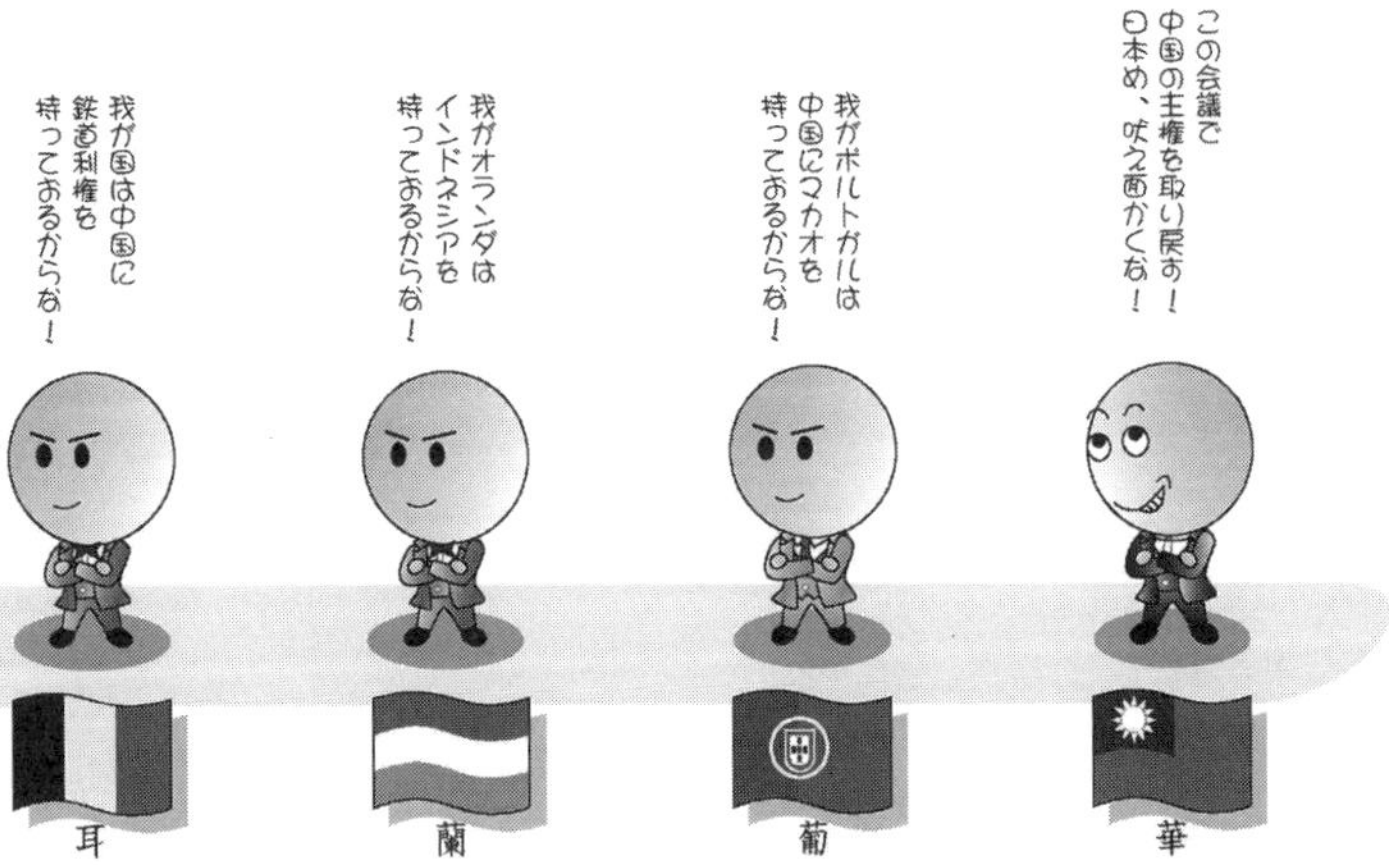

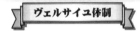

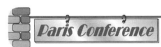

■ワシントン会議の開催

（東アジア太平洋地域における新国際秩序）
ワシントン体制
ヨーロッパでのPax Americana
実現には失敗したが、イギリスの政治力は
東アジア太平洋地域には及んでいない！
この地にPax Americanaを
実現させるのだ！
第29代大統領 共和党
ウォレン=ガメイリアル
ハーディング
'21.3/4 - '23.8/2
ヴェルサイユ条約批准拒否！
国際連盟加盟拒否！
ま〜
あった〜きたっ！
今に見てろっ！
我がアメリカ合衆国の名の下
国際会議を開催します！
東アジアと太平洋の新しい
国際秩序を構築しましょう！
'21.11/12 - '22.2/6
(10:30 am)
ワシントン会議
我が国は国連常任理事国だ！
国際会議にはトーゼン出席する！
我が国はドイツとの対抗上、
ど〜しても陸軍費を削る
ことはできん！
海軍軍縮できれば我が国
としても助かるんだが…
「簡潔・正直・名誉を
モットーとすべし！」
徳川宗家 第16代
徳川《とくがわ》 亀之助《かめのすけ》 家達《いえさと》
'68.4/29 - '40.6/5
日本が手を離してくんねぇ…
もう日本とは
手を切りたいんだけどな…
ボクたち
友達だよね♪
イギリス元首相
アーサー=ジェームズ
バルフォア伯爵
'02.7/12 - '05.12/5
英
日
仏
伊

その時代に我が身を合わせなければいけないのですから、当然といえば当然。

しかし、すでに「欧州《ヨーロッパ》における覇権国家への道」は鎖《とざ》されてしまっていましたから、彼《ハーディング》は東アジア・太平洋地域においての主導権《イニシアチブ》を握るべく会議を主催します。

それが合衆国《アメリカ》が主催した初の国際会議「ワシントン会議」です。

ワシントン会議を主催

会議には、国連常任理事国の英《イギリス》・仏《フランス》・伊《イタリア》・日と、東アジアから太平洋地域に利権を持つ中国・蘭《オランダ》・耳《ベルギー》・葡《ポルトガル》を招き、これに主催国 米《アメリカ》を加えた9ヶ国が出席し、「東アジア・太平洋地域における戦後の新国際秩序」について話し合うことになりました。

而《しか》してその実体は――日本潰し。

歴史視点⑭

欧米列強は自分たちの私利私欲を美辞麗句《きれいごと》で覆い隠すことを常套《じょうとう》とする。

当時の日本は明治開国以来、日清戦争・日露戦争で中国に多くの権益・領土を手に入れ、こたびの第一次世界大戦ではドイツから山東《シャントン》権益とミクロネシア（＊04）を奪い、中国に対しては「二十一ヶ条要求」を突き付けて日清・日露戦争以来の権益を中国に再確認（＊05）させたことで、東アジア・太平洋地域における一大勢力となっていました。

合衆国《アメリカ》が東アジア・太平洋地域に覇を唱えていくためには、急成長する日本を押さえ込み、自分の統制《コントロール》下に置く必要が生まれていました。

まずは日本を包囲する「四ヶ国条約」

そこで、まずは太平洋地域に利権を持つ米《アメリカ》・英《イギリス》・仏《フランス》・日が「四ヶ国条約」を結びました。

表向きは「ここに至るまで米《アメリカ》・英《イギリス》・仏《フランス》・日の四ヶ国が得た太平洋の権益をお互いに尊重

（＊04）具体的には、マリアナ諸島・パラオ諸島・カロリン諸島・マーシャル諸島。

（＊05）中国が垂れ流したプロパガンダを真に受けて、『二十一ヶ条要求』が「戦中のドサクサに紛れて日本が中国に押し付けてきた恐喝まがいの要求」だと信じている人は多い。しかし、きちんと条文を読めば一目瞭然、中身は過去に日本が手に入れてきた〝既得権の再確認〟（第1～4号）にすぎません。一部（第5号）に新たな要求も含まれていましたが、これは「希望条項」とされ、袁世凱政権によって拒否されると日本はただちにこれを撤回している。

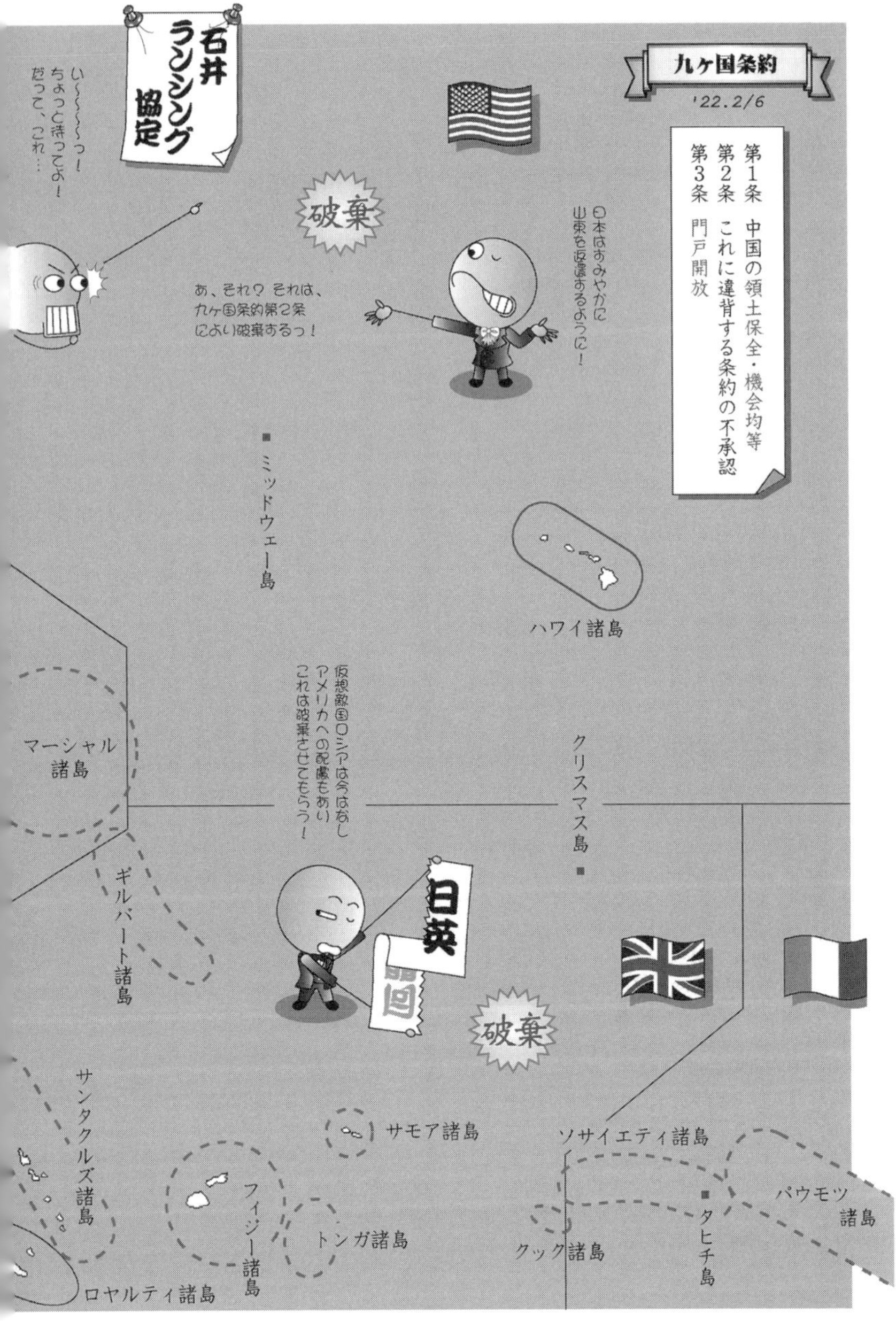

九ヶ国条約
'22.2/6
第1条　中国の領土保全・機会均等
第2条　これに違背する条約の不承認
第3条　門戸開放
石井ランシング協定
い～～～～っ！
ちょっと待ってよ！
だって、これ…
破棄
日本はすみやかに
山東を返還するように！
あ、それ？ それは、
九ヶ国条約第2条
により破棄するっ！
ミッドウェー島
ハワイ諸島
仮想敵国ロシアは今はなし
アメリカへの配慮もあり
これは破棄させてもらう！
マーシャル諸島
クリスマス島
ギルバート諸島
日英
破棄
サンタクルズ諸島
サモア諸島
ソサイエティ諸島
フィジー諸島
トンガ諸島
クック諸島
タヒチ島
パウモツ諸島
ロヤルティ諸島

■四ヶ国条約と九ヶ国条約

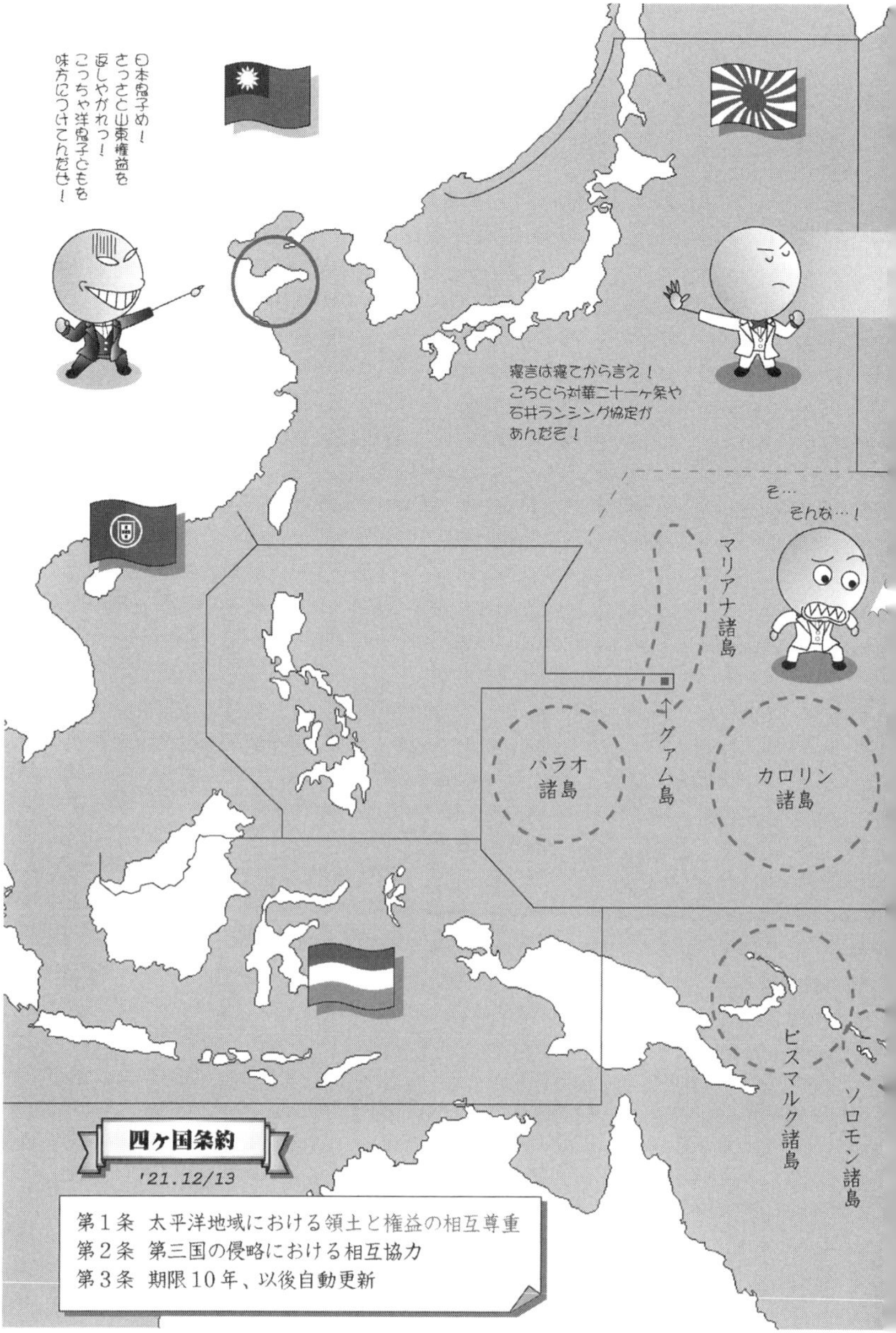

四ヶ国条約

'21.12/13

第１条　太平洋地域における領土と権益の相互尊重
第２条　第三国の侵略における相互協力
第３条　期限10年、以後自動更新

し合う」という如何《いか》にも〝対等〟に見える内容ですが、地図を見れば一目瞭然、日本の領海を米英で包囲したうえで「これまでの権益は認めてやるが、これ以上の勢力拡大を許さんぞ！」と釘を刺したもので、実質的には「日本が得た太平洋権益を米英で封じ込める」という対日大包囲網にすぎません。

その証左に、これに伴いイギリスは「日英同盟」を一方的に破棄(*06)しています。

イギリスはここ20年ほどロシアを仮想敵国として日本と手を結んでいましたが、そのロシアはすでに亡く、今や日本が米英の前に立ち塞がる新たな敵となってきており、「これからは仮想敵国をロシアから日本に切り換え、米国《アメリカ》と手を結んでいこう」という意思の顕《あらわ》れです。

しかし、このように相手を寄って集《たか》って縛りあげるやり方はあまり賢いとはいえません。

孫子に曰《いわ》く「囲む師は必ず闕《か》く(*07)」。

たとえば、革命《レヴォルシオン》が勃《お》こったフランスに対して欧州《ヨーロッパ》列強はこれを圧殺せんと束になって「大包囲網(対仏大同盟)」を築いたことがありましたが、その結果、追い詰められたフランスに〝怪物《ナポレオン》〟が生まれ、欧州《ヨーロッパ》全土を戦禍に巻き込む「ナポレオン戦争」を招くことになりました。

戦間期(1919～39年)においても、米《アメリカ》・英《イギリス》・仏《フランス》が「ブロック経済」を布《し》いて日・独《ドイツ》・伊《イタリア》を追い込んだ結果、独《ドイツ》にヒトラー、伊《イタリア》にムッソリーニという独裁者を生んで第二次世界大戦を招きました。

歴史を紐解《ひもと》けば孫子の教えどおり、「敵を完全包囲してしまうと追い詰められた敵が暴発して大禍を招く」という事例は枚挙に遑《いとま》なく、欧米はそれで何度も痛い目に遭《あ》っているにもかかわらず、歴史に学ぶことのできない彼らはどうしてもその愚を改めることができません。

もっともそれも詮なきところがあり、欧州《ヨーロッパ》で中国の孫子に並ぶ兵法家といえばC《カール》・クラウゼヴィッツですが、彼の教えの基本《コンセプト》が「敵を如何《いか》にして完全包囲し、之《これ》を殲滅《せんめつ》するか」なのですから。

歴史視点⑮

アジア（孫子）は完全包囲の愚を戒《いまし》めるが、欧米（クラウゼヴィッツ）は敵を如何《いか》にして完全包囲、殲滅《せんめつ》するかを目的とする。

この「ワシントン会議」以降、合衆国《アメリカ》は徹底的な「日本封込政策」に徹することになりますが、このあとも日本を締め上げ、追い詰めた結果、のちの〝暴発（太平洋戦争）〟に繋《つな》がっていくことになるのですが、『孫子』を知らず、『戦争論《クラウゼヴィッツ》』しか読まない欧米人には、そうなる未

（＊06）ただし、イギリスは日本の反発を懼れて「ただちに破棄」ではなく、「四ケ国条約に発展解消したため契約を更改せず失効しただけ」という言い訳をしています。

（＊07）「敵をあまり追い詰めすぎてはいけない」という教え。

来がまったく読めなかったのでした。

「九ケ国条約」で日本を中国から締め出す

もうひとつの東アジア地域についても基本理念はおなじで、表向きは「中国には門戸開放《オープンドア》・機会均等・領土保全を認め、これに違背する条約はこれを認めない」と、さも「これからはみんなで協力して中国の利権を護っていこう」と読めるような〝美辞麗句《きれいごと》〟を並べ立てながら、その実体は安定の「日本潰し」。

ここで謳《うた》われている「門戸開放《オープンドア》・機会均等・領土保全」というのはもちろん合衆国《アメリカ》の「門戸開放《オープンドア》宣言」の三原則を指しており、「これに違背する条約」というのは日本の「二十一ケ条」を暗示しています。

そのことを踏まえたうえで、この〝美辞麗句《きれいごと》〟を合衆国《アメリカ》の本心そのままの言葉で言い換えるなら、

「これから中国の処遇に関しては我が合衆国《アメリカ》の意向で取り行う。日本は身の程を辨《わきま》え、万事 我が国《アメリカ》の決定に従うように」といったところ。

しかし、これには日本も反発。

――合衆国《アメリカ》は我が国の中国権益を認めたではないか！

じつは合衆国《アメリカ》は、ほんの5年前に「石井ランシング協定」で日本が中国で得た権益を認めると約していました。

すると、合衆国《アメリカ》は臆面もなく「石井ランシング協定」を一方的に破棄してきます。

「自分で決めたルールも都合が悪くなれば躊躇《ためら》いなく改変・破棄してくる(＊08)」という彼らのやり方がここにも表れています。

「五ヶ国条約」で日本の軍事力を削る

「五ヶ国条約」というのは、一般的には「ワシントン海軍軍縮条約」と呼ばれるもので、先代大統領ウィルソンが謳《うた》った「十四ヶ条」の中の「軍備縮小」を形にしたものです。

当時、各国は建艦競争に躍起となっていましたから、合衆国《アメリカ》は「先の大戦のような戦禍を二度と起こさないためには軍縮が必要である」という〝建前〟で。

もちろん、言うまでもなくその本意とするところは「日本潰し」。

当時の日本も欧米列強に肩を並べんと建艦に奔走していました。


（＊08）「歴史視点⑨」参照。

――これより8年かけて最新鋭の戦艦8隻・巡洋艦8隻を建造する！

これを「八八艦隊」といい、完成だけで国家予算の2年半分、完成後の維持費に国家予算の2／5を注ぎ込もうかという大規模なものでした。

太平洋地域における覇権《ヘゲモニー》を狙う合衆国《アメリカ》にとって〝目障り〟以外の何物でもありません。

「戦勝五大国が諸国の手本となるべく、率先して軍縮に乗り出そう」という大義名分の下、日本の抑え込みが始まります。

日本政府としては、海軍の要求する「7割」を主張しましたが、米英は「6割」を主張して譲りません(*09)。

この「6割」という数字は、日本政府の最低妥協点でしたから、結局これを呑《の》むことになり、「米《アメリカ》・英《イギリス》・日・仏《フランス》・伊《イタリア》」の主力艦保有比を「5：5：3：1.67：1.67」(*10)とすることで決着します。

（＊09）　そもそも外交というものは、お互いに相手の妥協点を探りながら駆引を行うものなのに、今回の交渉では米英が一歩も引かず、交渉にもならなかったところから、このときアメリカは日本の暗号解読に成功し、日本政府の妥協点を知っていたからだと言われています。

（＊10）　この「1.67」という中途半端な数字は、「米英の1／3」を示しています。

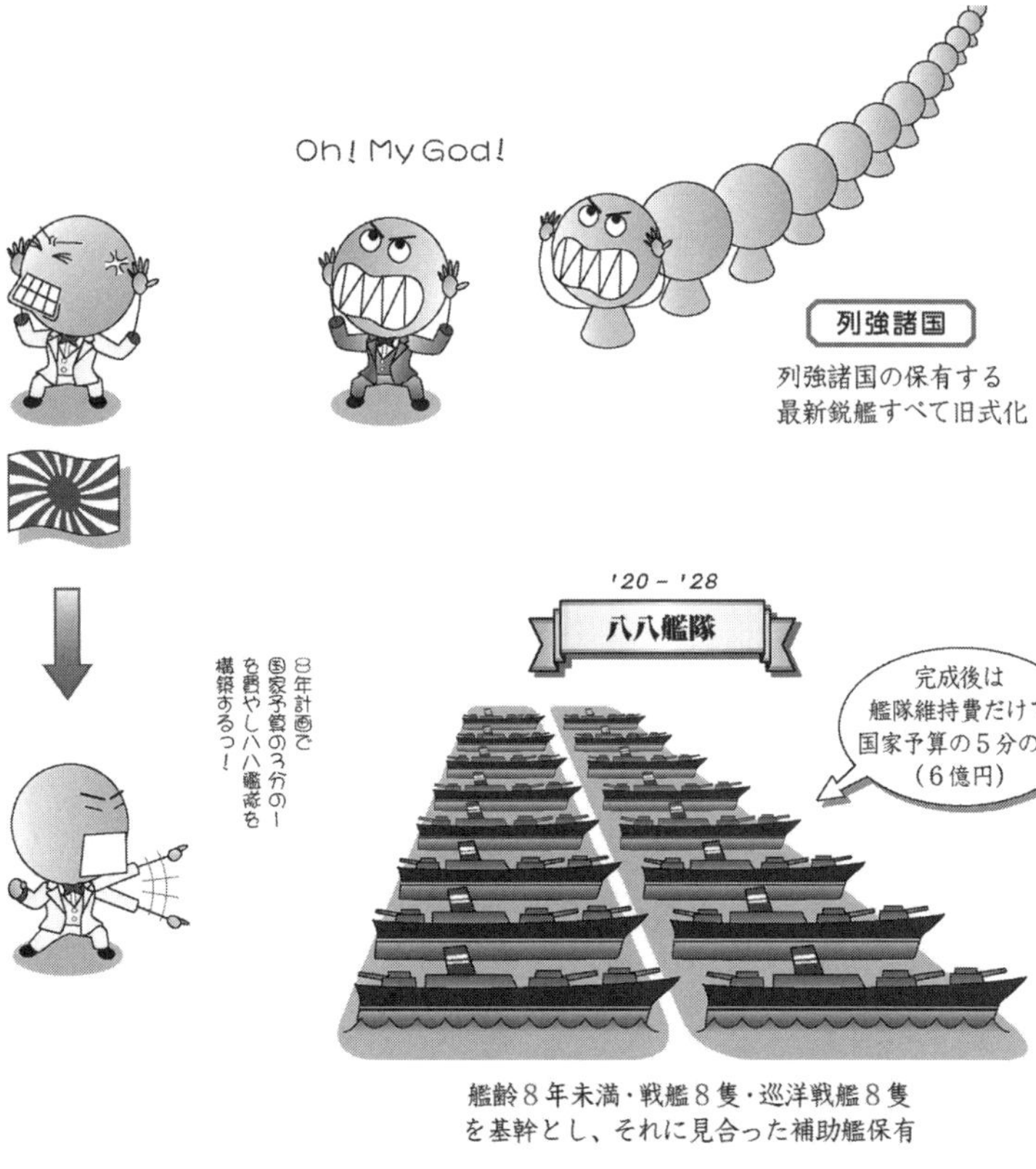
Oh! My God!
列強諸国
列強諸国の保有する
最新鋭艦すべて旧式化
8年計画で
国家予算の3分の1
を費やし八八艦隊を
構築するっ！
'20－'28
八八艦隊
完成後は
艦隊維持費だけで
国家予算の5分の2
（6億円）
艦齢8年未満・戦艦8隻・巡洋戦艦8隻
を基幹とし、それに見合った補助艦保有

10：10：7 !!
5：5：3
No!
暗号解読で日本の
極秘情報はダダ漏れ！
日本が折れることは
先刻承知なんだよね！

■五ヶ国条約（ワシントン海軍軍縮条約）

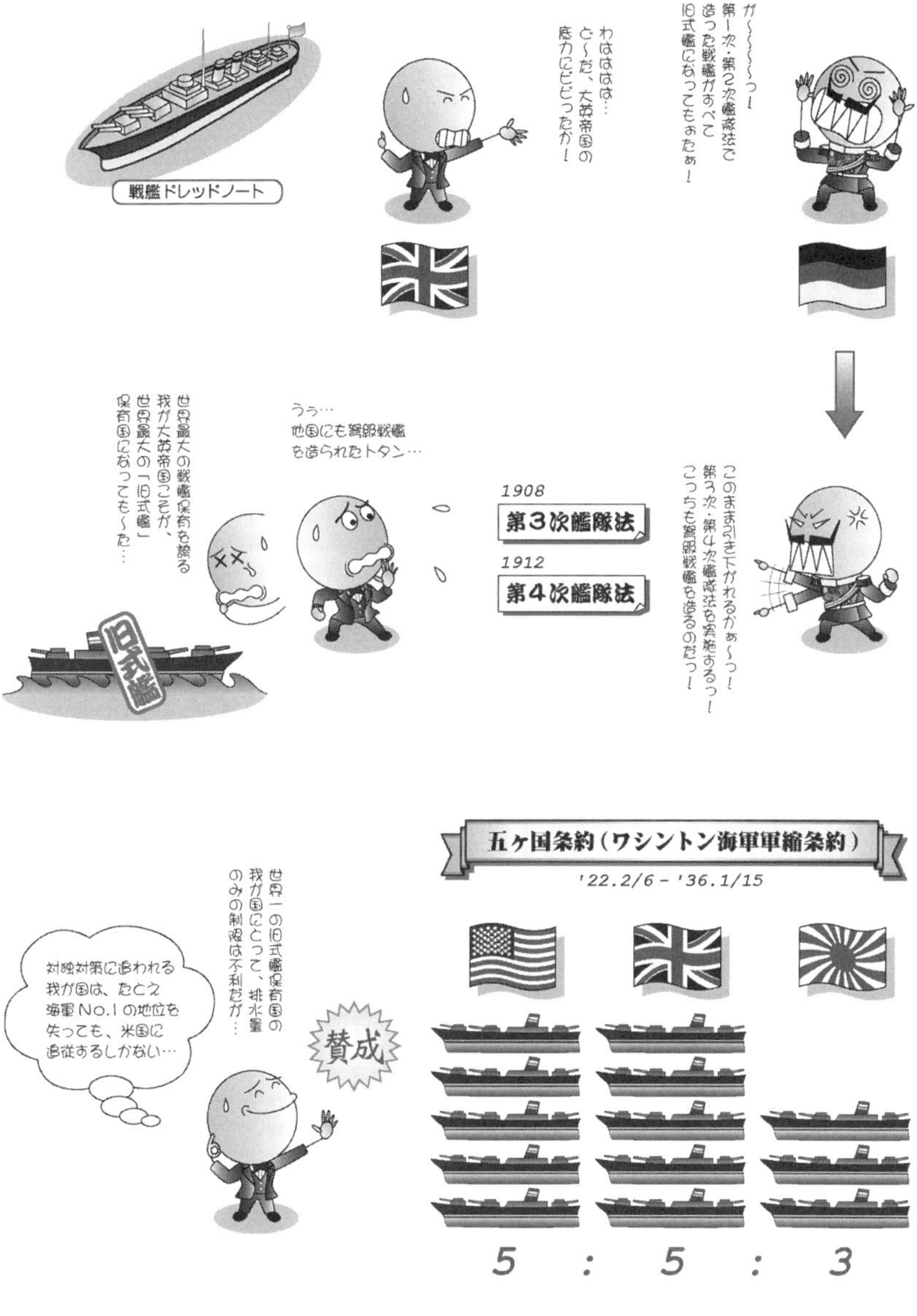

ガ〜〜〜〜っ！
第1次・第2次艦隊法で造った戦艦がすべて旧式艦になってもぉたぁ！
わはははは…
ど〜だ、大英帝国の底力にビビったか！
戦艦ドレッドノート
このまま引き下がれるかぁ〜っ！
第3次・第4次艦隊法を実施するっ！
こっちも弩級戦艦を造るのだっ！
1908
第3次艦隊法
1912
第4次艦隊法
うぅ…
他国にも弩級戦艦を造られたトタン…
世界最大の戦艦保有を誇る我が大英帝国こそが、世界最大の「旧式艦」保有国になってしも〜た…
旧式艦
五ヶ国条約（ワシントン海軍軍縮条約）
'22.2/6 – '36.1/15
5 : 5 : 3
世界一の旧式艦保有国の我が国にとって、排水量のみの制限は不利だが…
対独対策に追われる我が国は、たとえ海軍No.1の地位を失っても、米国に追従するしかない…
賛成

20年代の絶頂を経て30年代の破綻から、戦争特需による経済復興を遂げる

「狂騒《ローリング》の20年代《トゥエンティズ》」

ところで、大戦の主戦場となった欧州《ヨーロッパ》は戦後、国土は荒廃・経済は破綻・社会は疲弊していきましたが、それとは対照的に合衆国《アメリカ》は戦争特需によって経済が躍進し、建国以来初めて債務国から債権国に転じたばかりか、全世界の金《ゴールド》の半分が合衆国《アメリカ》に集中したほどの異常な好景気に沸きます。

この時代を「狂騒《ローリング》の20年代《トゥエンティズ》」といい、我々21世紀に生きる現代人の基本的な生活基盤はこの時代に一斉に出揃うことになります。

たとえば、我々現代人の生活必需品ともいえる電波媒体《ブロードキャストメディア》(*01)・冷蔵庫・洗濯機・掃除機といった家電、さらに化学製品・紙巻き煙草《たばこ》が家庭に普及していったのもこの時代ですし、それまで男尊女卑社会で虐げられていた女性の社会進出が進んで女性ファッション(服飾・髪型・化粧など)が多様化してきた(*02)のもこのころ。

世の若者は、バイオリンの調べも美しいクラシックに合わせて舞う優雅な社交ダンスにそっぽを向き、サックスの奏でるジャズに合わせて軽快にチャールストンを踊るようになり、男女の風紀は世の年配が眩暈《めまい》を覚えるほどの乱れよう（＊03）。

映画産業が黄金時代を迎え、お出かけの友は汽車ではなく自家用車。

これらの豊かな生活を支えるため、〝ベルトコンベア式《フォードシステム》〟で大量生産したものを〝百貨店《デパート》・大型店舗〟で大量販売し、ラジオ・新聞・雑誌・街中広告、あらゆる媒体を使って大々的に打って庶民の購買欲をくすぐりつつ、〝月賦返済《ローン》〟で大量消費させる社会が生まれたのもこのころです。

21世紀に生きる我々とさして変わらない生活環境は、まさにこの「狂騒の20年代《ローリングトゥエンティズ》」から始まったといっても過言ではないでしょう。

（＊01）電波媒体は当時はラジオでしたが、20世紀後半にはテレビがこれを担うようになり、さらに21世紀に入るとインターネットへと主力が移り変わっていきます。

（＊02）１９１０年代までの欧米女性は「女たるもの斯くあるべし」という〝中世的価値観に基づく女性像〟が確立しており、生活態度から服装にいたるまで厳しい社会規範に縛られていました。

（＊03）「狂騒の20年代」は、日本では「バブル時代」に比肩する時代ですが、この「バブル時代」においても若い女性がディスコでジュリアナ扇子を振り回しながらバブリーダンスを踊り狂い、それを年配世代が苦虫を噛み潰して見ていたものです。

共和党《リパブリカン》政権の絶頂と腐敗

さて、「政治経済に国民生活が困窮するほどの大きな問題がない限り、あるいは共和党《リパブリカン》がよほどの大ポカをやらかさない限り、共和党《リパブリカン》政権は安泰」だという原則（＊04）を思い出していただければ、この「経済が上向き、文化が華やぎ、生活が豊かになった狂騒の20年代《ローリングトゥエンティズ》」はずっと共和党《リパブリカン》政権が安泰の時代になる——ということが容易に推測できます。

それは現実となり、W《ウォレン》・G《ガメイリアル》・ハーディング、J《ジョン》・C《カルヴィン》・クーリッジ、H《ハーバート》・C《クラーク》・フーヴァーの3代「3期12年」にわたって共和党《リパブリカン》政権がつづくことになりました。

しかし、「世の中がうまく回っている」ということは、逆の見方をすれば「政治家は特にやることはない」ということです。

特に当時は、資本主義が絶頂を迎えていたことで「A《アダム》・スミスの経済学説（古典派経済学）の正しさが証明された」と信じられ、政府は〝小さな政府〟を理想として経済に介入するべきではなく（＊05）、むしろヘタに政府が経済を引っ掻き回せばロクな結果にならないと考えました。

合衆国《アメリカ》に限らず、洋の東西と古今を問わず、国が安定しているときの国家元首は「無能」になりやすい（＊06）。

外交面では、ハーディング・クーリッジ・フーヴァーと3代がそれぞれ「ワシントン会議」「ジュネーヴ会議」「ロンドン会議」を主催して合衆国《アメリカ》の覇権国家たる地位を築こうと一定の努力をしていますが、こと内政に関してはほとんど無策で、合衆国《アメリカ》史上絶頂期にあたる「狂騒の20年代《ローリングトウエンティズ》」の大統領が3人が3人とも「無能」の烙印を押される大統領だったのも、〝たまたま〟ではなく〝歴史の必然〟だったといえましょう。

無能・無策な大統領がつづいても繁栄がつづくとなれば、そこに「政治腐敗」が起こらないわけがありません(＊07)。

こたびもご多分に漏れず、贈収賄・横領・職権濫用《らんよう》など「共和党《リパブリカン》」の政治腐敗は進んで、徐々に統治能力を失っていく中で〝破滅〟の跫音《あしおと》が近づいてきます。

それこそが「世界大恐慌」。

そもそも資本主義が「かならず好景気と不景気を繰り返す」「恒久的に好景気がつづくことはシステム上あり得ない」などということは中学社会で習うこと。

(＊04)「歴史視点②」参照。
(＊05)これを「レッセフェール(自由放任主義)」といいます。
(＊06)誰が国家元首を務めようが国が安定しているなら、家臣団としては無能元首の方が御しやすくて都合がよいためです。
(＊07)繁栄と腐敗は表裏一体、歴史を紐解けば、「長期政権」「繁栄」の中に腐敗が生まれないという例はありません。
(＊08)麻雀や花札のように、参加者の利益が他の参加者の損失で賄われるゲームのこと。
この場合、長期的観点から資本主義経済を見たとき、好景気と不景気を足せばゼロになるという意味。

資本主義はいわば「ゼロサムゲーム（＊08）」、好景気が大きいほど長いほど、かならず次に深刻な不景気が襲いかかることは避けられないのに、好景気がつづくとかならず「我が国は破綻《はたん》は起きない！」「今回は条件が違う！」「この好景気はいつまでもつづく！」などと世迷言をいう似非《えせ》経済学者《エコノミスト》がまたぞろ現れて国の行《ゆ》く末を誤らせます（＊09）。

このときもそうでした。

大統領は無能無策、お抱えの経済学者《エコノミスト》は〝進軍ラッパ〟を鳴らしつづける。
共和党《リパブリカン》政権下での〝破綻《はたん》〟は起こるべくして起こったといえましょう。

絶頂の中での破局

さて、〝破綻《はたん》〟が翌年に迫った1928年の大統領選でC《カルビン》・クーリッジからH《ハーバート》・フーヴァーへとバトンタッチされましたが、共和党《リパブリカン》政権とその政策方針は維持されます。
クーリッジは、最後の教書《ノート》で自らの政治を自画自讃し、

――私は現状に満足し、そして将来を楽観している。

…と述べたかと思えば、彼からバトンを受けたフーヴァーもその所信演説で高らかに宣言します。

――我が国《アメリカ》は過去いかなる国も成し得なかった貧困に対する最終的勝利を目前としている！

我が国《アメリカ》の将来には何の不安もなく、希望に満ち溢《あふ》れている！
合衆国《アメリカ》はこれより〝永遠なる繁栄〟を謳歌するであろう！

この先の歴史を知る我々には、半年後に迫った〝破綻《はたん》〟を目前にしてのこの言葉《セリフ》は滑稽ですが、彼自身はまさに人生の絶頂にあったでしょう。

しかし、彼《フーヴァー》の無能ぶりはすぐ後ろに迫りくる〝破綻〟の跫音《あしおと》にまったく気がつかなかったことではなく、実際に〝破綻《はたん》〟が起こりそれを目の当たりにしてもなお、それが〝破綻《はたん》〟だと理解できなかったところにあります。

実態からかけ離れた株価は、彼の所信演説の翌月（４月）からすでに小刻みに下落しはじめていましたが、当時の高名な経済学者（＊10）は「まだまだ上がる！」と主張し、フーヴァーもこれを放置、やがて「暗黒の木曜日《ブラック・サースディ》（10月24日）」を迎えることになりましたが、「古典派経済学が正しい」「経済は自由放任一択《レッセ フェール》」と信じて疑わないフーヴァー大統領はその現実を目の当たりにしてもなお、有効な経済策を打ち出そうとしません。

（＊09）このときのアメリカだけではなく、こうした似非エコノミストはいつの時代にも現れます。たとえば、20世紀末の日本の「バブル景気」のときにも、21世紀初の中国の「不動産バブル」のときにも現れて、国を破滅に追い込んでいます。

（＊10）アーヴィング・フィッシャー。彼自身も自分の資産を株に注ぎ込んでおり、破産寸前に陥っています。彼のこうした強気発言は「保身（株価が下がれば自らの資産に損失が出る）」という側面もあったかもしれません。

――なに、ちょっと〝風邪〟を引いただけだ。
アメリカ経済は依然盤石、〝風邪〟など放っておけばすぐに治る。

彼が実施したためぼしい対策といえば、「スムート・ホーリー法」「フーヴァー・モラトリアム」くらいのものでしたが、時代遅れとなった古典派経済学に基づく政策はむしろ経済を悪化させるだけに終わりました（＊11）。

したがって経済は悪化の一途を辿《たど》り、銀行だろうが上場企業だろうがお構いなしにバタバタ倒れ、町には失業者・ホームレスがあふれ、破産者・自殺者の数など数えきれず、経済の悪化は彼《フーヴァー》が退陣する1933年3月までつづくことになります。

4期12年にわたる民主党《デモクラティック》政権の誕生

さて、何度も見てきました「民主党《デモクラティック》が政権を握るのは共和党《リパブリカン》が勝手にコケたときだけ」という原則は今回も働き、共和党《リパブリカン》が大コケした1932年の大統領選で勝ったのは民主党《デモクラティック》のF《フランクリン》・D《デラノ》・ルーズヴェルトでした。

これまで、共和党《リパブリカン》は頑《かたく》なに18世紀に生まれた旧《ふる》い経済学説（古典派）に執着し、それで破綻《はたん》したのですから、彼《ルーズヴェルト》は古典派の不備を批判して20世紀に生まれた新説「ケインズ経済学」に拠《よ》った改革を行おうとします。

しかし、旧《ふる》い時代から新しい時代へと切り替わるとき、どうしてもそれが理解できない〝老害〟らが改革を握りつぶそうとしてくるのは避けられません（＊12）。

このときも、ルーズヴェルトはただちにケインズ的経済改革「ニューディール政策」に着手しますが、古典派の正義を信じて疑わない抵抗勢力から非難・糾弾・妨害の限りを受け、ニューディールの柱のひとつ「全国産業復興法《ナショナルインダストリアルリカバリーアクト》」に至っては最高裁まで戦って違憲判決を受けたほど。

しかし、ルーズヴェルトの不屈の精神によってこれら抵抗勢力と戦い、経済は復調の兆しを見せてきたため、その成果を受けて2期目の大統領選（1936年）ではルーズヴェルトが記録的圧勝（＊13）を果たします。

しかし、2期目は抵抗勢力の頑強な妨害もあって思ったほどの経済的成果を挙げられず、経

（＊11）政界も財界も「こたびの破綻が古典派経済学の不備による」という認識がまったくなく、あくまで「古典派」のやり方で経済対策を立てるため、はなからうまくいくはずがありませんでした。

（＊12）「歴史視点⑪」を参照。

（＊13）全国48州（当時はまだアラスカとハワイが準州でした）のうち、対立候補（ランドン）が勝ったのはたったの2州、他46州すべてでルーズヴェルトが勝利するという圧勝でした。

（＊14）「3期務めた大統領」すらフランクリン・ルーズヴェルト以外ひとりもいません。

済は停滞、その結果、共和党《リパブリカン》の支持も復調の兆しを見せたものの、いまだ「世界恐慌を引き起こした戦犯」という烙印《レッテル》は拭えず、3期目の大統領選（1940年）もルーズヴェルトが勝利。4期目の大統領選（1944年）は戦争特需（第二次世界大戦）で経済復興が進んだため、これも勝利。

こうして彼は、合衆国《アメリカ》史上唯一「4期務めた大統領（*14）」となりましたが、それは彼が優秀だったからというより（優秀でないとは言いませんが）、時代背景が「世界大恐慌から第二次世界大戦」という激動の時代だったためといった方が正解に近いでしょう。

《 第5章 》

冷戦時代

時勢による一定の法則性を
持つようになった大統領選挙

第二次大戦後、米ソが覇権を争う時代に突入、「冷戦」という新しい戦争形態を生む

二大政党制が体《てい》を成す

さて、南北戦争《シビルウォー》から第二次世界大戦まで「民主党《デモクラティック》が政権を握るのは共和党《リパブリカン》が勝手にコケたときだけであり、概して共和党《リパブリカン》による安定政権（＊01）」という原則が貫かれていることを実例と照らし合わせながら学んできました。

しかし、戦後この原則が崩れます。

そもそも民主党《デモクラティック》の劣勢がつづくことになった契機《きっかけ》が「南北戦争《シビルウォー》」でした。民主党《デモクラティック》は連邦政府に叛逆を起こしたわけですから、その失態から「反政府」「反体制」的イメージが付きまとい、国民からの広範な支持を集めることが難しくなったためです。

しかし、共和党《リパブリカン》がこれをひっくり返すほどの失態（世界大恐慌）をやらかした結果、戦後は共《リパ》和党《ブリカン》と民主党《デモクラティック》が拮抗するようになっていきます。

歴史視点⑯

「南北戦争」以来、政権担当は〝共和党優勢《リパブリカン》〟であった原則が破れ、「第二次世界大戦」を境として共和党《リパブリカン》と民主党《デモクラティック》が拮抗するようになる。

そもそも二大政党制というのは「両党がなるべく偏りなく交互に政権を担当する」のが理想なのですから、その意味では「合衆国《アメリカ》は一党独裁や共和党優位《リパブリカン》など150年の紆余曲折を経ながら、ここにきてようやく二大政党制が体《てい》を成してきた」と解釈することができるかもしれません。

ルーズヴェルト急死

では、もっと具体的に、戦後の大統領選挙がどのような経緯を辿《たど》っていくのかを見ていき

（＊01）「歴史視点②」参照。

ましょう。

まず、世界恐慌がドン底に陥った1933年から第二次世界大戦が終結する1945年まで、戦前・戦中のまさに〝激動の12年〟においてすぐれた政治手腕を発揮したF《フランクリン》・ルーズヴェルトでしたが、戦後構想には大きな見誤りがありました。

そもそも英首相W《ウィンストン》・チャーチルが大戦中からすでに「戦後はドイツに代わってソ連《USSR》が我々の敵となる」と看破し、当時はまだ同盟国(＊02)であったソ連《USSR》が戦後勢いづかないよう陰でいろいろと画策しつつ、そのことをルーズヴェルトに説いていました。

にもかかわらず、ルーズヴェルトには彼《チャーチル》の意図がまったく理解できず、ソ連《USSR》への肩入れをつづけてチャーチルの努力を無駄にしたばかりか、戦後は「米英ではなく、米ソが盟友として世界を牽引せん」とすら考えていました(＊03)。

もし彼《ルーズヴェルト》が残り4年の任期を全《まっと》うしていたら、現在とはまったく違う歴史を歩んでいたでしょうが、歴史はそれを許さず、彼の戦後構想が実行に移される直前にルーズヴェルトは急死、副大統領のH《ハリー》・S《シップ》・トルーマンが大統領職を継ぐことになりました。

第一次冷戦へ

しかしながら、このトルーマンという人物は「大統領」の器でなく、唐突に戦後の混迷世界を引き継ぐことになった彼はこの事態に動揺し、「私の肩にアメリカのトップとしての重荷がのしかかってきた」と、その不安を吐露しています（＊04）。

歴史視点⑰

現職大統領の〝途中降板〟により、大統領選挙という〝洗礼〟を受けることなく副大統領から昇格した大統領はほぼ全員（＊05）〝無能〟。

トルーマンは最終学歴が高卒で専門的に政治を学んだこともありませんでしたし、学歴がなくても実務経験があれば別ですがそれもなく、したがってルーズヴェルトからの信頼も薄かっ

（＊02）イギリスとソ連は１９４１年「英ソ軍事同盟」を結んでいました。

（＊03）もっといえば、ルーズヴェルトは「戦後の国際秩序に日本は不要」と考え、天皇処刑どころか日本民族そのものをこの地球上から抹殺する考えを公言していました。彼が終戦前に急死してくれたことは日本人にとって僥倖だったと言えます。

（＊04）フランス革命の直前（１７７４年）に即位したルイ16世も、前国王（ルイ15世）の死を耳にしたとき、このときのトルーマンと同じような弱音を吐いています。

（＊05）例外を探すとすれば、セオドア・ルーズヴェルトくらい。

たため、副大統領時代も政治・外交について大統領《ルーズヴェルト》から何も知らされていませんでした。
「ヤルタ密約」や「原爆開発」といった機密情報《トップ・シークレット》は、ルーズヴェルトの死後初めて官僚から聞かされる有様で、政治にまったく関与していなかったため、逐一《ちくいち》官僚や軍幹部から助言をもらわなければ何ひとつ決定できない状態となります。

そのため、内政も先代大統領《ルーズヴェルト》の「ニューディール政策」をそのままなぞっただけ（フェアディール政策）となって、そこに彼の〝色〟を出すことはできませんでしたが、外交は違いました。

じつは、ルーズヴェルトの説得に失敗したチャーチルは、大統領が交代したのを機に、今度はトルーマンを説得するべく渡米してソ連の脅威を訴えます。

それこそ、あの有名な「フルトン演説（＊06）」です。

これに感銘を受けたトルーマンは、ルーズヴェルト外交を180度転換、翌47年には「トルーマン主義《ドクトリン》」「マーシャル計画《プラン》」をつぎつぎと打ち出してソ連《USSR》との対立姿勢を明らかにし、「第一次冷戦」時代を築くことになりました。

「冷戦」の行き詰まり

こうして「冷戦」を牽引していくことになったトルーマンですが、彼の任期2期8年（＊07）の間、トルーマン・スターリンがお互いに〝冷戦カード〟を切りつづけたことで、どちらも手詰まりとなって「冷戦」は限界に達していました。

すでに1950年には「朝鮮戦争」が勃発しており、〝冷戦〟はついに〝熱戦〟となってこれがいつ東西二大陣営による「第三次世界大戦」の火種となってもおかしくない情勢。

哲学者ヘーゲルは「ひとつの命題《テーゼ》にはかならずこれを否定する反命題《アンチテーゼ》が生まれ、やがてこのふたつが絡み合って止揚《アウフヘーベン》し、次の段階へと進む」と述べました(＊08)が、歴史にもこれは当て嵌《は》まります。

歴史視点⑱

歴史には段階があり、ひとつの段階が限界を迎えたとき、その中にすでに次代を迎えるための原因が生まれている。

(＊06) 所謂「鉄のカーテン演説」のこと。ミズーリ州フルトン市のウェストミンスター大学で行われたため「フルトン演説」とも言われます。

(＊07) トルーマンは任期途中で副大統領から大統領に昇格したため、厳密には任期8年に80日ほど足りませんでしたが、合衆国憲法修正22条により、3期目は立候補できませんでした。

(＊08) 所謂「ヘーゲルの弁証法」です。

歴史においても、「ひとつの時代（テーゼ）が限界を迎えたときには、かならずその中にすでに次の時代の萌芽（アンチテーゼ）が始まっている」ものです。

このときも、まだ「冷戦」中だった1953年、すでにその〝反命題《アンチテーゼ》〟が生まれていました。

それが「米ソ両首脳の交代」です。

まず、合衆国《アメリカ》では52年に大統領選挙があったのですが、ここまで「5期20年」にわたって民主党《デモクラティック》が政権を独占したことに対する抵抗感と、「冷戦」を背景として反共輿論《よろん》が強くなっていたことで共和党《リパブリカン》からアイゼンハワーが選出されることになりました。

さらに、それから2ヶ月と経たぬうちに今度はスターリンが急死（＊09）し、これにより冷戦を牽引していた両首脳がほぼ同時に消えることに。

もっとも、ブレーキを踏んだからとてその瞬間車が止まることがないように、両巨頭が入れ替わったからとてその瞬間「冷戦」が終わるということなく、今しばらく惰性的に「冷戦」はつづくことになります。

実際、アイゼンハワーも大統領就任当初は、

——トルーマンのやり方（封じ込め政策）では手ぬるい！
いまや「巻き返し《ロールバック》」を図るべきときが来たのだ！

…と「冷戦」の〝続行〟どころか〝激化〟を宣言し、「水爆実験の推進」「ヤルタ協定の一方的破棄」「東欧・中東・ヴェトナム・韓国への積極的支援」など、「冷戦」は収まる気配を見せないかのように見えたものです。

「雪融《ど》け」へ

ソ連《USSR》でもスターリンの死後しばらくは〝ポスト・スターリン〟の座を巡って後継者争いが起こっていましたが、やがてフルシチョフがこれを制すると、彼は「社会主義の正義」を固く信じていたため「冷戦」からの脱却を目指すようになります（＊10）。

まず1955年には「ジュネーヴ四巨頭会談（＊11）」を提唱して米《アメリカ》・英《イギリス》・仏《フランス》・ソ《USSR》の全権が平和共存について話し合う場を設け、翌56年には国内の冷戦推進派（スターリン主義者）を一掃

（＊09）公式発表は「脳溢血」ですが、暗殺説も根強くあります。

（＊10）もし「社会主義が正しい」とするなら平和を維持した方がよい。なぜならば、ふつうに経済活動していればかならずソ連が勝利するのだから。にもかかわらず、もしこのまま冷戦を続行して「第三次世界大戦（核戦争）」にでもなったら、せっかく勝てる戦が〝米ソ共倒れ〟となって元も子もなくなるためです。

（＊11）結局たいした成果はありませんでしたが、なんとかこれを和解の足がかりにしたいと願った米ソは「これからは平和共存路線でいこうという確認がされた（ジュネーヴ精神）」と、むりやりその〝成果〟をアピールしました。

せんと「スターリン批判」を実施したばかりか、58年にはソ連《USSR》書記長として史上初めて訪米を果たし、空港でアイゼンハワーと固い握手を交わしています。

米《アメリカ》国務長官のダレスだけは断固「冷戦続行！」を叫びましたが、アイゼンハワーはこれを抑え、以降米ソの平和共存を模索する時代「雪融《ど》け」段階へ入っていきます。

U2型機撃墜事件

さて、アイゼンハワーもまた「2期8年」を務めあげることになりましたが、ポスト・アイゼンハワーを決める大統領選が行われたその年（1960年）、米ソの関係が致命的に悪化する事件が起こってしまいました。

それが「U2型機撃墜事件」です。

アイゼンハワーは、その右手でフルシチョフと固い握手を交わして世界に対して「雪融《ど》け」をアピールしながら、もう片方の手ではソ連《USSR》に「U2（*12）」を飛ばす指示を出していたわけです。

その「U2」が撃墜されたことで、パリで予定されていた米ソ首脳会談は中止、「雪融《ど》け」ムードは一気に終焉を迎えてふたたび米ソ関係に緊張が走ります。

J《ジョン》・F《フィッツジェラルド》・ケネディ登場

U2を撃墜したフルシチョフの厳重抗議に、アイゼンハワーは初めすっ惚《とぼ》けます。

「それは民間機か何かだろう。」

合衆国《アメリカ》とてバカではありませんから、こうした事態に備えてU2のパイロットには証拠隠滅用の爆破装置と自殺用毒薬が与えられていましたから、「どうせ何の証拠もない」と思ったからです。

ところが、実際にはU2型機パイロットG《ゲーリー》・パワーズは証拠隠滅も図らず、毒薬も呑《の》まず、おめおめとソ連《USSR》官憲に捕縛されたばかりか、事の次第をべらべらと白状《ゲロ》していたのでした。

この曝露《ばくろ》を受け、政府《ホワイトハウス》はもはや言い逃れが効かなくなり、開き直ります。

――確かに偵察《スパイ》はしていたが、それがどうした!?

国家として当然の権利だ!

（＊12）現在（2024年）でも現役の合衆国のスパイ機。成層圏（高度2万m）から高精細カメラで地上を撮影できる。

（＊13）「TV討論会」が始まったことによって、以降、見た目が男前だとか服装のファッションセンス、候補の些細な失言・ちょっとした所作、その場の雰囲気など、大統領候補の一挙手一投足・一言半句が選挙結果を大きく左右するようになりました。

しかし、時は大統領選挙の真っただ中。

こうした共和党《リパブリカン》の〝しくじり〟が大統領選に悪影響を与えたことは否めません。

歴史視点⑲

大統領選挙の結果は過去3年間の実績より最後の1年の成果に大きく左右される。最後の年に大きな成果を挙げれば現職が勝ち、失態を演ずれば負ける。

しかも、このときの大統領選は史上初めて「TV討論会(*13)」が導入されたことで有名ですが、これがケネディの勝利に一役買ったと言われています。

歴史視点⑳

TV討論会が導入されて以降、このときの国民支持で大差を付けた方が当選確実となる。

このときのTV討論会では、議論としては共和党《リパブリカン》候補のR《リチャード》・ニクソンの方が優勢であったにもかかわらず、民主党《デモクラティック》候補J・F《ジョンフィッツジェラルド》・ケネディの方が見た目に若々しく(＊14)端正な顔立ちで〝TV映え〟したことで支持が逆転しているためです。

危機から緩和へ

こうして新たに官邸《ホワイトハウス》の主となったのは、民主党《デモクラティック》のケネディでした。

彼が大統領の椅子に座ったときすでに「雪融《ど》け」は崩れていましたから、これを受けて彼の好むと好まざるとにかかわらず〝危機の時代〟を歩むことになります。

そもそも「雪融《ど》け」などといえば聞こえはいいですが、それは「米ソが心から相手を信頼し合い、心を通じ合わせた」という類《たぐい》のものではなく、実態は「冷戦が行き詰まったから、とりあえず〝形だけ〟満面の笑みで握手を交わしておいて、その隙に相手を出し抜く手を模索していただけ」なので、こんなものが長続きするわけもありません。

実際、「雪融《ど》け」の只中にあっても、米ソの利害がぶつかるベルリンやキューバなどではそ

（＊14）実際の年齢は、当時ケネディが43歳・ニクソンが47歳でわずか4歳差でしたが、ニクソンは前日まで選挙活動に邁進して疲労困憊していたのに対し、ケネディは前日を丸一日休養に充てていたため、精気みなぎりはつらつとしていました。

の水面下で熾烈《しれつ》な駆引《かけひき》が行われていました。

ケネディは大統領就任早々、ウィーンでフルシチョフと話し合いの場(ウィーン会談)を持って関係改善を模索しましたが、「ベルリン問題」がこじれて決裂したのもそうした背景があったためです。

ウィーン会談ののち、ただちにフルシチョフは「ベルリンの壁」を建設して欧州《ヨーロッパ》に緊張を走らせ、さらに秘密裡のうちにキューバに核ミサイル基地の建設を実行します。

これが「U2」によって露見したことで「キューバ危機」が勃発、「核戦争」寸前までいったことは有名です。

このときは、フルシチョフが一歩退《ひ》いたことで核戦争はぎりぎりのところで回避されましたが、この件で米ソは「我々が武力衝突すれば人類文明そのものが存亡の機に直結する」ことを実感します。

そのためケネディ大統領は、「部分的核実験禁止条約(*15)」や「莫《モスクワ》 華《ワシントン》 ホットライン(*16)の開設」、さらには「ヴェトナム撤退表明」など米ソの関係改善に努めます。

こうしてふたたび歴史は〝緩和《デタント》〟へと揺り戻しが起こったかと期待されましたが、その直後、ケネディは志半ばで暗殺され、その翌年にはフルシチョフが失脚し、こうした努力も水泡に帰してしまうことになります。

緩和から危機へ

ケネディ暗殺を受けて副大統領から昇格したのがL《リンドン》・B《ベインズ》・ジョンソンです。大統領選挙という〝洗礼〟を受けずに大統領となった彼でしたから、自らの正統性を示すべく、「ケネディの遺志を継ぐ者」とアピールしてケネディのやり残した「公民権法」を成立させ、さらに「偉大なる社会」を惹句《スローガン》に社会福祉の充実・貧困の克服に尽力します。

そのおかげもあって次の大統領選でも勝利することができました（＊17）。

しかし、外交面ではケネディの融和政策に反して、ヴェトナム戦争に本格的軍事介入を図る「北爆」を開始したため米ソ関係は悪化していきます。

このように、ケネディ・ジョンソン2代にわたる民主党《デモクラティック》政権は、緊張《テンション》が緩和《デタント》を生み、そうして生まれた緩和《デタント》が緊張《テンション》を生む〝瀬戸際外交〟がつづくことになりました。

（＊15）正式名は「大気圏内、宇宙空間および水中核実験禁止条約」です。つまり、地下実験は認められていたということです。

（＊16）ダイヤルを回すことなく受話器を上げるだけで相手につながる直通回線のこと。

（＊17）ケネディ暗殺に対する〝同情票〟という側面も大きかったようです。

長引く「冷戦」は米ソともに財政を逼迫《ひっぱく》し、事態打開に向けて「緊張緩和《デタント》」へ向かう

緊張緩和《デタント》へ

しかし、これ以上米ソ対立が進めば、その先に待ち受けるのは確実に「核戦争」です。

「冷戦」の一環として、両陣営による核開発競争が始まっていましたが、40年代に米ソ、50年代にイギリス、60年代には仏中とぞくぞく核保有国が増えていき、68年までにすべての国連常任理事国（米・英・仏・ソ・中）が原水爆を保有することになりました。

これ以上核保有国が増えれば、世界中のどこかで生まれた火種がただちに「核戦争」に発展しかねず、制御不能となるでしょう。

そうした危機意識から、1968年「核拡散防止条約」が締結され、これを契機《きっかけ》に時代は新しい段階に入ります。

それが「緊張緩和《デタント》」です。

じつはこのころ、合衆国《アメリカ》はヴェトナム戦争への介入で戦費が財政を逼迫《ひっぱく》していましたし、

ソ連《USSR》・東欧諸国も農業政策の失敗により食糧自給が不可能となってきており、お互いに緊張緩和《デタント》を望んでいたという経済的背景もありました。

そして、この〝1968年〟は合衆国《アメリカ》にとって大統領選の年でもあります。

ジョンソン大統領は憲法規定（＊01）上、この年の大統領選にも出馬できましたし、彼自身も意欲満々だったのですが、失政につぐ失政で国民に人気なくついに出馬を諦め、政権は共和党《リパブリカン》に移ることになります。

さらにいえば、F《フランクリン》・ルーズヴェルトが慣例を破った（4期在職）ことから、戦後は同一人物が3期以上務めることが憲法で禁止されていましたが、のみならず、同一政党が3期以上政権を担うことへの嫌悪感も強くなったため、そうした背景も民主党《デモクラティック》の敗因となっています。

以降、ひとりの人物が「2期8年」務める場合《パターン》、2人で「2期8年」務める場合《パターン》があれど、3期目にはほぼかならず政権政党が交代するようになります（＊02）。

（＊01）「合衆国憲法修正22条」では、大統領が任期途中で職を継いだ場合（前大統領の暗殺・病死・失脚など）、残りの任期が2年未満の場合、これを継いだ大統領は3期目も立候補できる（合計で10年まで）という規定がありました。

（＊02）その唯一の例外がG・H・W・ブッシュ（父）です。

歴史視点㉑

戦後は、同一政党が「1期で陥落」することもなければ、「3期以上つづく」こともなくなり、ほとんど「2期8年」ごとに政権政党の交代が起こるようになる。

戦後の動向を振り返って

さて、ここまで戦後のアメリカ政党史を俯瞰《ふかん》してまいりまして、何かしら規則性が見つけられたでしょうか。

歴史というものは、ただ「歴史的事件を暗記する」ことではありません。

「そこから何を学び取ることができるか」を考えることです。

ここまで見てまいりましたように、戦後、「冷戦」「雪融《ど》け」「危機の時代」「緊張緩和《デタント》」といった具合に「緊張《テンション》」「緩和《デタント》」「緊張《テンション》」「緩和《デタント》」を繰り返してきましたが、そのそれぞれの時代を担ってきた政権との関連を探ってみると、いつも緊張《テンション》時代を牽引してきたのが「民主党《デモクラティック》」で、緩和《デタント》時代を牽引してきたのが「共和党《リパブリカン》」であることに気づきます。

戦前までは「平時の共和党《リパブリカン》、戦時の民主党《デモクラティック》（*03）」という規則性がありましたが、〝核の時代〟となっておいそれと戦争ができなくなった戦後は、「戦時」ではなく〝緊張《テンション》〟、「平時」ではなく〝緩和《デタント》〟となって「緩和《デタント》の共和党《リパブリカン》、緊張《テンション》の民主党《デモクラティック》」に移行していったと考えると、その変遷を理解しやすいでしょう。

歴史視点㉒

戦前までは「平時の共和党《リパブリカン》、戦時の民主党《デモクラティック》」、戦後からは「緩和《デタント》の共和党《リパブリカン》、緊張《テンション》の民主党《デモクラティック》」を原則とする。

さらに、戦後はここまでずっと「2期8年（民主党トルーマン）」「2期8年（共和党アイゼンハワー）」「2期8年（民主党ケネディ・ジョンソン）」ごとに政権交代が起こっていることを考えると、ここから「2期8年におよぶ共和党《リパブリカン》政権が緩和《デタント》時代を牽引する」ことが予想されます。

（＊03）実際、「第一次世界大戦」のときも「第二次世界大戦」のときも民主党政権で、第一次世界大戦前も戦間期も平時はいつも共和党政権でした。「歴史視点⑫」参照。

「訪中」「訪ソ」による外交アピール

果たせる哉《かな》、新たに大統領となった共和党《リパブリカン》のR《リチャード》・M《ミルハウス》・ニクソンは、若いころから〝反共保守〟として名を馳せた政治家であったにもかかわらず、いざ大統領となれば〝緩和《デタント》〟へと舵を切っています。

まずは翌69年にヴェトナムからの米軍撤退を表明したばかりか、直後に「ニクソン主義《ドクトリン》」を発表してヴェトナムのみならず「海外への過度な軍事介入を控える」と宣言します。

もっとも、無条件で退《ひ》いたのでは合衆国《アメリカ》のメンツが立ちませんから、こちらも一定の条件を出して交渉（パリ和平会談）したためなかなか話が進まず、実際に撤退を開始するまで4年もかかってしまいますが。

さらに2期目の大統領選が迫った1971年、大統領選に大きなインパクトを与えんとして「訪中」を発表（*04）し、翌年（大統領選の年）には「訪中（2月）」「訪ソ（5月）」を立てつづけに実現しています。

これは、「訪中」「訪ソ」ともに合衆国《アメリカ》大統領として初めての偉業で、「訪中」で中国と相互承認を行い（*05）、「訪ソ」でソ連《USSR》と「戦略兵器（*06）制限協定（SALT I《ソルトワン》）」を締結するという大きな外交成果を挙げています。

この実績のおかげもあって（*07）、ニクソンは大統領選挙に圧勝、2期目も大統領の椅子を守ることができましたが、彼はこの時点ですでに大統領選の結果をすべてご破算にする〝ヘマ〟をやらかしていたのでした。

史上初の大統領辞任

じつは大統領選中の6月、民主党《デモクラティック》の党本部《ウォーターゲートビル》に盗聴器を仕掛けようとしていた者が逮捕されていました（＊08）。

ただちにニクソン陣営が疑われましたが、彼《ニクソン》は「どこその〝三流のコソ泥《サードレートバーグラリー》〟のやったこと、私は無関係」と当然これを突っぱねました。

（＊04）これを「ニクソン・ショック」と言います。

（＊05）ほんとうは「米中国交正常化」までもっていきたかったところでしたが、台湾問題が合意できなかったため、この問題はカーター大統領まで持ち越されました。

（＊06）「戦略兵器」とは戦術兵器（通常兵器）に対する言葉で、一気に戦況をひっくり返すほどの威力を持った兵器のこと。したがって、具体的に何を指すかは時代によって異なる。第二次大戦以前までは「戦艦」が戦略兵器と見做されていましたが、戦後は「核兵器」が、現在は「大陸間弾道弾（ＩＣＢＭ）」などがこれに当たります。

（＊07）「歴史視点⑲」参照。

（＊08）盗聴器の設置自体は未遂に終わっています。

また確たる証拠もなかったうえ、確かに〝三流のコソ泥《サードレートバーグラリー》〟と言われてもおかしくないほど犯行が幼稚・杜撰《ずさん》でしたし、「もし本当にニクソン陣営の仕業なら、こんな〝三流のコソ泥《サードレートバーグラリー》〟を使うはずがない」と思われたため、大統領選への影響はほとんどなくニクソンの圧勝に終わったのですが、選挙後、徐々に証拠が積み重ねられていくとニクソンは証拠隠滅・司法妨害など、捜査妨害を繰り返したため、ついに弾劾《だんがい》裁判にかける動きが出てきます。

合衆国《アメリカ》では大統領を辞めさせるためには弾劾《だんがい》裁判にかけるしかありませんが、弾劾《だんがい》するためにまずは下院を通過し、上院で弾劾《だんがい》裁判にかける直前になってニクソンは〝敵前逃亡〟のように突然「辞任」を発表しました（＊09）。

大統領の椅子を差し出すことで問題をうやむやにした形です。

合衆国《アメリカ》建国200周年

暗殺にしろ病死にしろ辞任にしろ、大統領が〝途中降板〟したときは副大統領がそのまま大統領に昇格します。

今回はG《ジェラルド》・R《ルドルフ》・フォードが大統領となりました。

先にも触れましたように、現在に至るまで大統領選挙の〝洗礼〟を受けずに大統領職に就いた人物は何人かいますが、ほぼ全員〝無能〟です（＊10）。

彼もまた例外ではありませんでした。

フォード大統領は大統領に就任するや、前大統領《ニクソン》を庇《かば》って彼に「恩赦」を与えていますが、これにより「ウォーターゲート事件」の真相は永久に闇に葬られることになり、国民の反発を招きましたし、ニクソンのころに起こった「第1次石油危機《オイルショック》」の結果襲いかかってきたインフレと不況（スタグフレーション）対策にも無策で、彼が任期中に成し遂げた業績といえば「無事、建国200周年を迎えられた」ことくらいと揶揄《やゆ》されるほどでした。

歴史視点㉓

スタグフレーション（インフレと不況の二重苦）を解決できなかった大統領は敗れる。

しかし、彼にはそうした自覚すらなかったか、次の大統領選に出馬、2期目の続投に臨み

（＊09）過去、弾劾裁判にかけられた大統領は、A・ジョンソン、B・クリントン、D・トランプと3人いますが、上院で2／3以上を取るのは至難の業でいずれも否決、実際に弾劾された大統領はいません。

（＊10）「歴史視点⑰」を参照。

ました。

1976年大統領選挙

1976年の大統領選では、こうしたフォードの不人気に加え、同一政党が「2期8年」を越えることへの抵抗感(*11)もありましたし、何より極めつきがTV討論会での彼《フォード》の失言(*12)でした。

——東ヨーロッパはソ連の占領下にない。

これは露骨に現実を無視した意味不明な発言であり、大統領選の年に失態を繰り返したフォードに勝ち目はなく(*13)、敗退するべくして敗退していきます。

ところで、大戦後からここまで「2期8年で政権政党が交代」という原則(*11)が貫かれ、こたびの選挙でもそれは継承されました。

それは、ひとりの人物が「2期8年」を満了するパターンもあれば、ふたりの人物が「2期8年」を支えるパターンもありましたが、かならず同一政党が「2期8年」を務め、1期で政権政党が交代することもなければ、3期以上独占することもありません。

したがって、今回も共和党《リパブリカン》政権が「2期8年」を終え、民主党《デモクラティック》政権時代に入ることになりましたが、これと連動する原則として、「緩和《デタント》の共和党《リパブリカン》、緊張《テンション》の民主党《デモクラティック》(*14)」という原則もありました。

となると、ここで新たに大統領となったJ《ジェームズ》・E《アール》・カーターは民主党《デモクラティック》の大統領として、ふたたび緊張《テンション》の時代へ向かうことが予想されます。

緊張緩和《デタント》の終焉

では、事はその予想通りに進むのかどうか、確認してみましょう。

まず、彼《カーター》の任期前半は「人権外交」を掲げて緊張緩和《デタント》を進めていこうとしています。

大統領に就任した77年には「パナマ運河の返還」を約し（新パナマ運河条約）て中南米の反米感情を緩和《デタント》させていますし、翌78年にはエジプトとイスラエルの仲を取り持ち（キャンプデイビッド合意）、さらに翌79年1月には中国との国交正常化に成功させています。

しかしこれは、アイゼンハワーのところでも喩《たと》えた「ブレーキをかけた車」のようなもので、

（＊11）「歴史視点㉑」を参照。
（＊12）「歴史視点⑳」を参照。
（＊13）「歴史視点⑲」を参照。
（＊14）「歴史視点㉒」を参照。

政権政党が替わった（ブレーキを踏む）からとて、いきなり政策が変わる（車が止まる）ということはなく、しばらくは前政権の政策を引き継ぐ（制動距離を要する）ことがあります。

このときも同じで、ケネディは「人権外交」を推進していましたが、国内では「緊張緩和《デタント》」に対する不信感が募っていました。

なんとなれば、ソ連《USSR》は満面の笑みで合衆国《アメリカ》と握手をしながら、その裏で軍拡に勤しみ、その結果、78年には「ソ連《USSR》の核弾頭保有数がついに合衆国《アメリカ》を抜いた」と報じられたためです。

――我々が「和平」に酔っている隙に、敵は着々と爪を研《と》ぎ、牙を磨いているではないか！

緊張緩和《デタント》などソ連《USSR》を利するだけの愚策である！

どんなに時間を注ぎ込み、労力をかけて創り上げたものであっても〝時代の流れ〟に逆らったものは一瞬で壊れます。

まず、79年2月に合衆国《アメリカ》から見て地球の裏側で勃《お》こった「イラン革命（＊15）」が「第2次石油《オイル》危機《ショック》」となって合衆国《アメリカ》にスタグフレーション（インフレと不況）が襲いかかります。

「第1次石油危機《オイルショック》」のときも、これにより生じたスタグフレーションを解決できなかったフォード大統領は、1期で官邸《ホワイトハウス》を去ることになりました（＊16）。

カーター大統領にも同じ試練がのしかかってきます。

支持率を急激に下げて焦ったカーター大統領は、なんとか外交成果を挙げてこれを挽回せんと、「戦略兵器制限協定（SALT《ソルト》Ⅱ）」の調印にこぎつけました（6月）が、それから半年としないうち（12月）にソ連《USSR》が起こした「アフガニスタン侵攻」ですべて御破算（SALTⅡ批准拒否）となり、ここからふたたび以降10年間におよぶ「冷戦」時代に突入することになります。

（＊15）イランのラストエンパイア「パフレヴィー朝イラン帝国」で勃発したイスラーム革命。革命当時の皇帝はレザー・シャー・パフレヴィー2世。

（＊16）「歴史視点㉓」を参照。

2度にわたる「冷戦」でソ連は亡《ほろ》び、合衆国《アメリカ》もまた「双子の赤字」に悶絶する

1980年大統領選挙

こうした苦境の中で迎えたのが翌年1980年の大統領選挙でした。

しかも、大統領選挙の年の直前、「イラン革命」の混乱の中で暴徒化したイラン学生が駐斯《イラン》アメリカ大使館を占拠する（11月）という事件が発生し、当時大使館にいたアメリカ人52人を人質に取られるという大失態を演じ、ただでさえ落ちていたカーターの支持は急落してしまいます（*01）。

ここまで見てまいりました「歴史視点」に当てはめて考えれば、カーターは民主党政権としてはまだ「1期目」なので、順当にいけば2期目も当選するはず（*02）でした。

しかし、スタグフレーションを解決できず（*03）にいたうえ、こたびの失態も重なり、先行きは不透明となってきました。

しかし、カーター大統領にもまだ逆転のチャンスは残っています。

・大統領選挙の年に大きな外交成果を挙げる。（歴史視点⑲）
・ＴＶ討論会で勝利する。（歴史視点⑳）

このふたつは戦況を大きく好転させますから、これらを成し遂げさえすればまだカーターにも逆転の目はある。

そこでカーター大統領は、この「アメリカ大使館人質事件」を一気に解決せんと「人質救出作戦《イーグル・クロウ》」を発動し、アメリカ自慢の特殊部隊「デルタフォース」を投入しました。

ところが、これがモノの見事に失敗。

しかも、救出作戦そのものに失敗したのならまだしも、救出に向かったヘリがつぎつぎとエンジントラブルを起こし（＊04）、大使館に到着する前に動かなくなったヘリ全機を放棄して逃げ帰るというお粗末さ。

（＊01）①暴徒化した学生がアメリカ大使館を包囲していたのに、ホワイトハウスはこれを放置したこと、②暴徒が大使館の敷地内に侵入してきたとき、警備の者が暴徒の剣幕にびびって無抵抗に占拠を許したこと、③事件勃発から半年近くにわたってカーター政権が無策だったことなどが、当時から批判されていました。
（＊02）「歴史視点㉑」を参照。
（＊03）「歴史視点㉓」を参照。
（＊04）砂漠地帯での作戦なのに海上作戦用ヘリ（砂や埃に弱い）を採用したために全機がエンジントラブルに見舞われました。

しかも、その5日後にイギリスで似たような事件「駐英イラン大使館人質事件」が起こると、イギリス政府はSAS（イギリス特殊部隊）を動員してたった6日間で解決してしまいます。

カーターが半年の時間を費やしてもできなかったことを、イギリスが1週間と経ずに解決してしまったことで、相対的にカーター政権の無能ぶりを際立たせることになり、カーターはいよいよ追い込まれていくことに。

カーター陣営の最後の望みは「TV討論会」でしたが、ここでも対立候補R《ロナルド》・レーガンの言葉に返すことばを失います。

――これをお聴きの皆さん、4年前より今の方が生活がよくなりましたか？

そのことをお考えになれば、だれに投票すべきかは自明でしょう。

これが決め手となってTV討論会でもカーターは後れを取ることになり、失態と不手際を繰り返したカーターは大差を以《もっ》て敗れ去り、大統領の椅子から去ることになりました。

大統領選挙原則の〝ブレ〟

こうして、この混迷の時代を牽引することになったのが共和党《リパブリカン》から指名されたR《ロナルド》・W《ウィルソン》・レーガンです。

ここまで学んでまいりましたように、戦後からここに至るまでかならず「2期8年」ごとに政権政党が交替してきました（＊05）。

その「2期8年」は〝よほどのこと（暗殺、辞任、病死など）〟でも起きないかぎり、基本的にひとりの大統領が務めあげますが、たとえ〝よほどのこと〟が起こって大統領が〝途中降板〟することになったとしても、次の大統領選ではかならず前大統領と同じ政党から指名された候補が勝つため、「同一政党で2期8年」という原則は守られつづけてきました。

しかし、カーター大統領の場合は病死や事件に巻き込まれることもなく「1期4年」の1期を満了したにもかかわらず、2期目の大統領選で敗れ、共和党《リパブリカン》に政権を奪われました。

つまり、これまでの原則がカーターには当て嵌《は》まりません。

このように、それまでの時代に貫かれていた規則性が通用しなくなるときというのは、その規則性を支えてきた〝前提条件〟が破れた証拠です。

（＊05）「歴史視点㉑」を参照。

歴史視点㉔

歴史法則を支えていた前提条件が変われば、歴史法則も変わる。

では、その〝前提条件〟とは何なのかを考察するため、もう少し合衆国《アメリカ》の歴史を観察していくことにします。

第二次冷戦へ

ところで、「同一政党が2期8年ごとに交替する」という原則は破れましたが、「共和党《リパブリカン》政権は緩和《デタント》を牽引する」という原則はつづいているのでしょうか。

その原則で活きているなら、レーガン政権（共和党）は前政権（カーター）に生まれた「第二次冷戦」をふたたび「緩和《デタント》」へと引き戻そうとする動きとなるはずですが、実際にはどうであったか。

蓋《ふた》を開けてみれば、レーガン大統領は前政権からの対決姿勢を崩さず、「強いアメリカ」をスローガンに掲げて「冷戦」を引き継ぐどころか、前政権を「弱腰外交」として、これをさらにエスカレートさせています。

ソ連《USSR》を名指しで「悪の帝国《エビルエンパイヤ》(＊06)」と非難し、合衆国《アメリカ》を超える戦略核を保有するソ連《USSR》に後手の一撃《バックハンド・ブロウ》を加えんと、「戦略防衛構想《スターウォーズプログラム》(SDI)」などの軍拡を進めます。

「SDI」とは「ソ連《USSR》の戦略兵器(ICBMなど)を無力化させるまったく新しい防衛システム(＊07)を構築する」というもので、そんなものが完成したらソ連《USSR》がここまで産を傾けて造り上げた戦術核がすべて陳腐化してしまうゲームチェンジャーとなりますから、ソ連《USSR》も態度を硬化させ、米ソ関係はより一層冷え込むことになりました。

ちなみに、国内向けには前政権以来のスタグフレーションの克服を図るべく、「小さな政府」を掲げて大幅減税を実施しています(＊08)。

しかし、洋の東西と古今を紐解《ひもと》いて見ても、「軍拡」と「財政改革」を同時に行って成功した例《ためし》などほとんどありません。


(＊06) これに倣い、ブッシュ(子)大統領も北朝鮮・イラク・イランを「悪の枢軸」と呼んで非難しています。

(＊07) もっと具体的に言えば、「人工衛星からレーザービームを発射し、それをミラー衛星で反射して飛来するICBMを撃ち落とす」というもので、当時の技術では実現困難でSFじみていたため、「スターウォーズ計画」と揶揄された。

(＊08) レーガン政権が行った経済政策を総称して「レーガノミクス」と言います。

歴史視点㉕

軍拡と財政改革を両立させた為政者は古来稀《まれ》。

なにせ「財政改革」で歳入が減るのに「軍拡」で支出は膨大になるのですから財政赤字は膨らむ一方となるためです（＊09）。

実際、合衆国《アメリカ》はほどなく所謂《いわゆる》〝双子の赤字（＊10）〟を抱えて悶絶し、軍拡も財政改革も行き詰まり、冷戦続行が困難になってきます。

じつは、そうした事情はソ連《USSR》も同じで、米ソの熾烈な軍拡競争はソ連《USSR》の体力をごっそりと奪い、そのうえ腐敗と隠蔽《いんぺい》体質が政府中枢に蔓延《はびこ》り、社会は停滞して財政破綻を起こし、食糧の自給さえままならなくなっていきました。

第二次冷戦の収束

こうして、内に大きな社会矛盾を孕《はら》みながらも、外に〝敵〟を作って国民を煽《あお》ることでレーガン大統領はなんとか2期目の大統領選を乗り切ったものの、ちょうど2期目に入るころから〝双子の赤字〟による経済問題が表面化していき、支持率が急落していきます。目玉政策だった「SDI」はどれほど予算を注ぎ込んでも一向に成果が上がらず、まるで〝底の抜けた盥《たらい》〟のよう。

国民からも非難も厳しくなって、もはやこれ以上の「冷戦」継続に限界を感じていたレーガンの下に「ソ連《USSR》書記長の訃報」が届きます。

チェルネンコに代わって新たに書記長に就いたのはM《ミハイル》・ゴルバチョフ。

彼《ゴルバチョフ》は書記長に就任するや、国内では「情報公開《グラスノスチ》」を掲げて隠蔽体質の改善を図るとともに政治経済に一連の「改革《ペレストロイカ》（＊11）」を実施しつつ、対外的には「新思考外交」を掲げて旧《ふる》い外交理念に基づく「冷戦」を終わらせるべく動きはじめます。

利害の一致を見た米ソは、87年には「中距離核戦力全廃条約《INF》」、89年には「マルタ会談」となって緩和《デタント》が具現化し、ここに「第二次冷戦」は終わりを告げることになりました。

（＊09）実際、1914年以来「債権国」だった合衆国ですが、1985年ついに「債務国」に転落しています。
（＊10）財政赤字と貿易赤字の総称。
（＊11）語源は「再（ペレ）＋建設（ストロイカ）」なので、直訳すれば「再建」となります。

大統領選挙の法則性

さて、レーガンが「2期8年」の任期を満了すると、1988年の大統領選で勝ったのは共和党《リパブリカン》のG《ジョージ》・H《ハーバート》・W《ウォーカー》・ブッシュ（父）でした。

これまでの法則では「共和党《リパブリカン》と民主党《デモクラティック》の政権交代は2期8年ごと（＊12）」でしたから、それでいくと今回の大統領選では民主党《デモクラティック》の候補者が勝利するはずです。

カーター大統領のときの民主党《デモクラティック》政権が「1期4年」で終わってしまったかと思えば、今度はレーガン&ブッシュ父《シニア》の共和党《リパブリカン》政権が「3期12年」つづくことになり、戦後の規則性が適用できなくなっています。

しかし、もう少し考察を押し進めてみると、根本のところではまだ機能しているとも言えます。

通常であれば「2期8年」保《も》つところなのに、カーターがあまりにも無能すぎてこれを維持できず、そのためカーターの2期目が担うはずだった〝歴史的役割〟をレーガンが1期目で背負わされることになった（＊13）ため、レーガンは共和党《リパブリカン》であったにもかかわらず「緊張《テンション》」政策を継承させられ、2期目になってようやく本来の「緩和《デタント》」に戻ったのだと解釈すると辻褄《つじつま》は合います。

つまり、カーター＋レーガン1期目で「緊張《テンション》期」、レーガン2期目＋ブッシュ父《シニア》で「緩和《デタント》期」

となり、「緊張《テンション》と緩和《デタント》の切り替わりが2期8年ごと」という原則は健在となります。

ソ連《USSR》の滅亡

しかしながら、法則性に〝綻《ほころ》び〟が生じ始めているのもまた事実です。

それまで一貫していた歴史法則に〝綻《ほころ》び〟が生じ始めるとき、時代が大きくうねろうとしている〝兆し〟であることが多い（＊14）。

戦後から現在まで歴史は1989年を境として、それ以前を「（広義の）冷戦」、それ以降を「ポスト冷戦」と大きくふたつの時代に分ける考え方がありますが、こたびの〝綻《ほころ》び〟がちょうど「（広義）冷戦」の末期に起こっていることを考え合わせると、ここから時代が大きくうねることが予想されます。


（＊12）「歴史視点㉑」参照。

（＊13）共和党政権でありながら前政権（民主党）の政策を引き継いで「冷戦」を続行したことを指しています。

（＊14）「歴史視点㉔」参照。

果たせる哉《かな》、「（広義）冷戦」の末期にすでに断末魔の声を上げていたソ連《USSR》が「ポスト冷戦」に入った直後に滅亡（１９９１年）、歴史は「米ソ対立時代」から「合衆国《アメリカ》一強時代」という新しい時代に突入します。

「歴史法則」というものは、それが基盤としている〝前提条件〟が変われば変化します（＊15）。

ここまでの法則は「米ソ対立時代」という前提で生まれていたものです。

ここからは新しい法則性を探していかなければなりません。

（＊15）「歴史視点㉔」を参照。

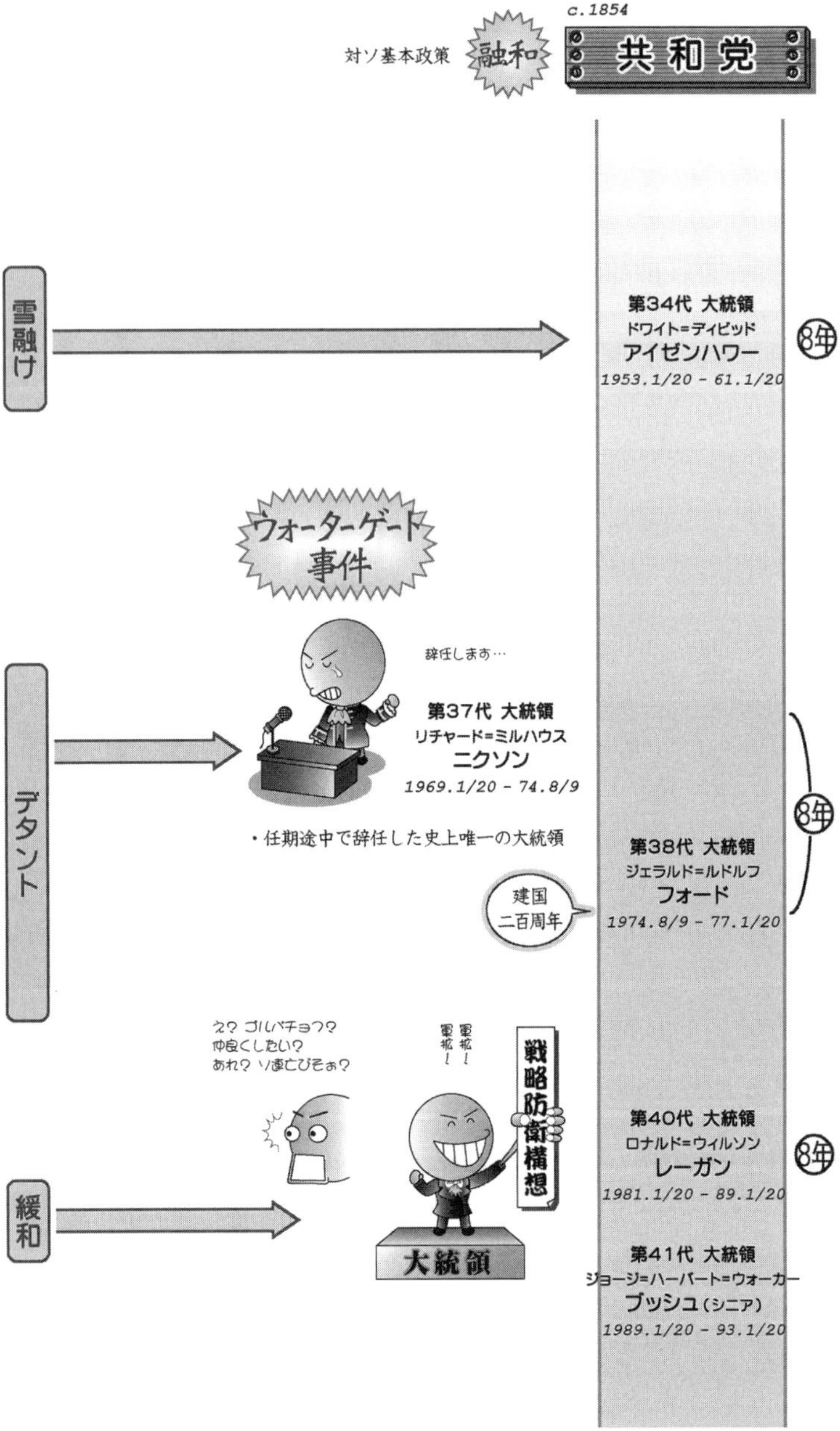

c.1854
共和党
対ソ基本政策 融和
雪融け
第34代 大統領
ドワイト=ディビッド
アイゼンハワー
1953.1/20 - 61.1/20
8年
ウォーターゲート事件
辞任しまぁ…
デタント
第37代 大統領
リチャード=ミルハウス
ニクソン
1969.1/20 - 74.8/9
・任期途中で辞任した史上唯一の大統領
8年
第38代 大統領
ジェラルド=ルドルフ
フォード
1974.8/9 - 77.1/20
建国二百周年
え? ゴルバチョフ?
仲良くしたい?
あれ? ソ連亡びそぉ?
軍拡! 軍拡!
戦略防衛構想
大統領
緩和
第40代 大統領
ロナルド=ウィルソン
レーガン
1981.1/20 - 89.1/20
8年
第41代 大統領
ジョージ=ハーバート=ウォーカー
ブッシュ(シニア)
1989.1/20 - 93.1/20

■第二次世界大戦後の政党系図

c.1828

民主党

強硬　対ソ基本政策

世界大戦2
1939 - 45

勢力均衡期
（2期8年ごとに政権政党が交替）

第1次冷戦

8年

第33代 大統領
ハリー=シップ
トルーマン
1945.4/12 - 53.1/20

危機の時代

8年

第35代 大統領
ジョン=フィッツジェラルド
ケネディ
1961.1/20 - 63.11/22

・暗殺シーンがTV中継された唯一の大統領

第36代 大統領
リンドン=ベインズ
ジョンソン
1963.11/22 - 69.1/20

米ソ緩和期の共和党
米ソ緊張期の民主党

※ただし、この原則の唯一の例外がカーター大統領

第2次冷戦

第39代 大統領
ジェームズ=アール
カーター
1977.1/20 - 81.1/20

・戦後、同一政党が2期8年維持できなかった唯一の大統領だったが、トランプが40年ぶりにこの記録を更新した

1991.12/
ソ連解体

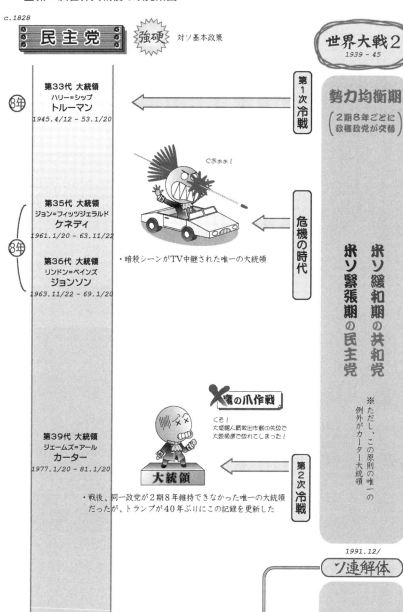

アメリカの平和《パックス・アメリカーナ》

第43代 大統領
ジョージ=ウォーカー
ブッシュ(ジュニア)
2001.1/20 - 09.1/20

8年

コロナ禍

第45代 大統領
ドナルド=ジョン
トランプ
2017.1/20 - 21.1/20

第42代 大統領
ウィリアム=ジェファーソン
クリントン
8年
1993.1/20 - 2001.1/20

ウィルソン以来夢にまで見た
「パックスアメリカーナ」を
ついに実現したぞ！
これからは「世界の警察官」
として国際秩序を維持するのだ！

アメリカ
世界の警察官へ

第44代 大統領
バラク=フセイン
オバマ
8年
2009.1/20 - 17.1/20

「我が国はもはや
世界の警察官ではない！」

・史上唯一の黒人大統領

第46代 大統領
ジョセフ=ロビネット
バイデン
2021.1/20 - 25.1/20

ソ連が解体してからというもの、
ブッシュ父が引っ掻き回した外交を
クリントンが尻ぬぐいさせられ、
ブッシュ子が引っ掻き回した外交を
オバマが尻ぬぐいさせられ、
そして今、トランプが引っ掻き回した外交を
私が尻ぬぐいさせられるハメに…

勢力均衡期
（2期8年ごとに
政権政党が交替）

勢力均衡期
（7期4年ごとに
政権政党が交替）

二大政党制の完成期

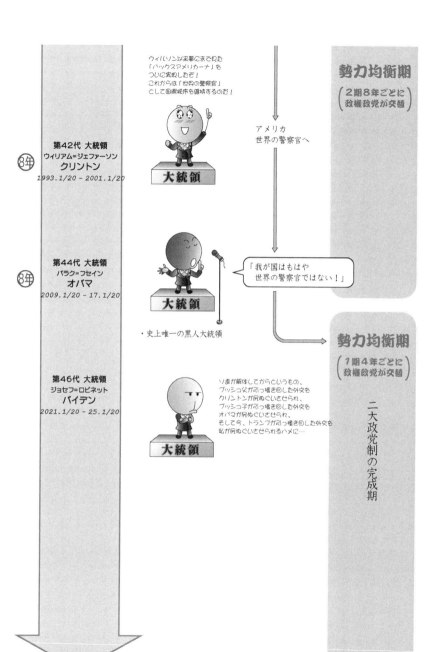

《 第6章 》

ポスト冷戦

短い「一強時代」を終え、
ついに覇権国家の座を降りる

ソ連が解体して冷戦構造が終わり、「アメリカ一強」の新時代を迎える

周回するたびに減っていく指導国

1991年にソ連《USSR》が解体したことで、1945年以来半世紀近くつづいてきた「米ソ二強時代」は終わりを告げ、「合衆国《アメリカ》一強時代」という新しい段階に入ります。このことの意味をよく理解するために、時間を400年ほど遡《さかのぼ》って歴史を俯瞰《ふかん》してみましょう。

17世紀の前半、欧州《ヨーロッパ》では全欧を巻き込む大戦争（三十年戦争）が起こり、欧州《ヨーロッパ》がたいへん荒廃したことがあります。

そこで、欧州《ヨーロッパ》中の全権がウェストファリアに結集し、二度とこんなに悲劇が起きないように国際秩序《インターナショナル・オーダー》の構築を話し合い、「ウェストファリア体制」という集団指導体制が生まれました。

しかし、この国際秩序《インターナショナル・オーダー》はうまく機能せず、ふたたび大戦争（フランス革命戦争）が起こってしまい、欧州《ヨーロッパ》は荒廃、新たな国際秩序《インターナショナル・オーダー》を作り直すことになるのですが、このように

欧州《ヨーロッパ》では17世紀以降、「国際秩序《インターナショナル・オーダー》の構築↓崩壊↓大戦争↓ふりだしに戻る」という歴史を延々と繰り返して現在に至っています。

・1周目：ウェストファリア体制　↓崩壊↓フランス革命戦争・ナポレオン戦争
・2周目：ウィーン体制　↓崩壊↓第一次世界大戦
・3周目：ヴェルサイユ体制　↓崩壊↓第二次世界大戦
・4周目：ヤルタ体制　↓崩壊↓現代（ポスト冷戦時代）

1周目のウェストファリア体制は「集団指導体制」ゆえ足並みがそろわず失敗。

そこで2周目のウィーン体制では「英《イギリス》・普《プロイセン》・墺《オーストリア》・露《ロシア》4ヶ国(*01)」に絞って秩序維持に努めましたがこれも失敗。

3周目は「米《アメリカ》・英《イギリス》・仏《フランス》3ヶ国」、4周目は「米ソ二巨頭」で国際秩序《インターナショナル・オーダー》を守る指導国となっています。


(*01) ただし、1818年に開催された「エクスラシャペル列国会議」でこれにフランスが加えられたため、以降は5ヶ国となっていますが。

こうしてみると、周回するたびに指導国が「4ヶ国→3ヶ国→2ヶ国」とひとつずつ減ってきているのがわかります。

そして現在。

冷戦時代を越えて「ポスト冷戦」時代は「5周目」と考えることができ、ソ連《USSR》亡き今、合衆国1ヶ国が「世界の警察」となって国際秩序《インターナショナル・オーダー》の維持を務める時代となります。

これを「アメリカ体制」と呼ぶことがあります(*02)。

1992年大統領選挙

ところで、ブッシュ父《シニア》は2期目の大統領選を乗り越えることができませんでした。

そもそも、戦後は「同一政党による長期政権を嫌う(*03)」傾向が生まれましたから、すでにレーガン政権から数えて共和党《リパブリカン》が3期を満了した今回の大統領選はブッシュに分が悪かったこと。そのうえ、彼《ブッシュ》はTV討論会でポカ(*04)をやらかして支持が急落。

「歴史視点⑳」でも申し上げましたが、TV討論会で失態を演じると、これを挽回するにはよほどの外交成果(*05)を挙げるしかありませんが、彼にはその力量もなく。

ちなみに、戦後「2期8年」の任期を満了できなかった大統領は、よほどの障害(暗殺・辞任・無能の3パターン)に阻まれたときのみです。

①暗殺：J《ジョン》・F《フィッツジェラルド》・ケネディ
②失脚：R《リチャード》・M《ミルハウス》・ニクソン
③無能：G《ジェラルド》・R《ルドルフ》・フォード、J《ジェームズ》・E《アール》・カーター

そして、ブッシュ父《シニア》もこの中（③）に名を連ねることになりました（*06）。

前提が変われば法則も変わる

こうして新たに大統領に立ったのが民主党《デモクラティック》のW《ウィリアム》・J《ジェファーソン》・クリントンです。

では、クリントン政権はどのような基本政策を実行していくのでしょうか。

これまでの民主党《デモクラティック》政権であれば「緊張《テンション》」時代を牽引してきましたから、彼の基本政策もこ

（*02）まだ定着した言葉ではありませんが。

（*03）「歴史視点㉑」参照。

（*04）外交を力説するブッシュに対して、「大切なのは経済だろうが。そんなこともわからんのか！」とクリントンに吐き棄てられて答えに窮するという失態を演じています。さらに討論会の最中、チラチラと腕時計に目を遣ったことで、「早くこの場を離れたいと思っている」「議論に押されて追い詰められている証拠」と国民に悪印象を抱かせました。

（*05）「歴史視点⑲」参照。

（*06）先のことまで敷衍すれば、D・J・トランプもここ（③無能）に名を連ねることになります。

れに準ずるのかといえば、じつはそうではありません。

なんとなれば「緊張《テンション》」も何も、そもそもその敵《ライバル》たるソ連《USSR》がいないためです。

79年にソ連《USSR》は「アフガン侵攻」をかけましたが、これによりソ連《USSR》は財政破綻を起こし、侵攻から12年で滅亡してしまいました（＊06）。

ソ連《USSR》という敵《ライバル》がいないのでは「喧嘩《テンション》」も「仲直り《デタント》」もできません。

以降、合衆国《アメリカ》は〝敵失〟したことで「共和党《リパブリカン》」と「民主党《デモクラティック》」という二大政党の成り立ちにすら変質が生まれます。

政党の色が曖昧に

これまで「共和党《リパブリカン》」と「民主党《デモクラティック》」にはたいへんわかりやすい対照的な争点がありました。

・保守（右派） VS 革新《リベラル》（左派）
・小さな政府 VS 大きな政府
・自由市場 VS 規制市場
・自由貿易《フリー・トレード》 VS 保護貿易《プロテクショニズム》

・富裕層《ブルジョワ》重視 VS 労働者《プロレタリア》重視　…などなど。

そのため国民もその時代に適した政党を選びやすく、それがこれまでの二大政党制の〝理想〟を支えてきました。

ここに至るまでの合衆国《アメリカ》の国策を振り返ってみると、「イギリス覇権《パックス・ブリタニカ》」が確立していた18〜19世紀は「中立主義《ニュートラリズム》（18世紀）」「モンロー主義《ドクトリン》（19世紀）」を貫いていた合衆国《アメリカ》でしたが、20世紀に入ってイギリスの力が弱まると、これに付け入ってイギリスと覇を争うようになり、20世紀後半はイギリスに代わってソ連《USSR》と覇を争ってきました。

ところがついに1991年、「敵失（ソ連滅亡）」となったことで、合衆国《アメリカ》が夢にまで見た「アメリカ覇権《パックス・アメリカーナ》」を実現したとき、「共和党《リパブリカン》」「民主党《デモクラティック》」のどちらが政権を握ろうが、両党の目的は「国際秩序《インターナショナル・オーダー》の維持」となり、その差異が曖昧《あいまい》になってきます。

そうなれば、国民としては「共和党《リパブリカン》」だろうが「民主党《デモクラティック》」だろうがどちらでもよくなり、たとえばTV討論会で大統領候補が「腕時計をチラ見した」だの「何度も溜息《ためいき》を吐《つ》いた（＊07）」

（＊06）ちなみに、ソ連の前政権「ロマノフ朝」も1904年に日本に戦争を仕掛け（日露戦争）ていますが、それによりロマノフ朝は財政破綻を起こし、戦争が終わってから12年後に滅亡していますから、まったく同じ過ちを繰り返していることがわかります。そして現在、ロシアはウクライナに戦争を仕掛けたことで財政が急速に悪化してきています。ロシアの未来に待ち受けているのは「12年後の滅亡」か。

（＊07）2000年のTV討論会で、民主党候補のゴアがやらかした失態。

だの、ほんとうに些細《ささい》なつまらぬことで、まるでヤジロベエのように支持がグラグラと揺れ動くようになっていきます。

クリントン政権の外交・内政

「経済再建」に重きを置く選挙活動に尽力して大統領官邸《ホワイトハウス》の主となったクリントンですが、彼とて〝歴史という大河に浮かぶ一葉の木の葉〟にすぎず、歴史の流れに逆らうことはできません。

権利と義務は表裏一体、ソ連《USSR》解体後「アメリカ覇権《パックス・アメリカーナ》」を手に入れた合衆国《アメリカ》には自動的に「国際秩序《インターナショナル・オーダー》」の維持」という義務が発生します。

当時は各地で紛争が起こっており、クリントンの好むと好まざるとにかかわらず、「覇者」たる合衆国《アメリカ》の責務として国際問題を放置することはできません。

まず、中東では燻《くすぶ》りつづけるパレスティナ問題に介入し、93年にはイスラエルとPLO（パレスティナ解放機構）の「オスロ合意（*08）」を合衆国《アメリカ》が仲介するという形で成立させ、これを踏台に「パレスティナ暫定自治協定」を成立させます。

東南アジアでは「ヴェトナム戦争」以来敵対していたヴェトナム政権との和解を進め、その象徴として95年、「国交恢復《かいふく》」を実現。

東欧では91年以来の「ユーゴスラヴィア解体」の中で収まらぬ紛争問題に和平を仲介したり、他にも、アフリカの「ソマリア内戦」「ルワンダ内戦」、北朝鮮の核開発疑惑などに対処――などなど。

北米大陸では前政権（ブッシュ子）が調印までこぎつけながら、なかなか批准に至らず難産していた「北米自由貿易協定《NAFTA》(*09)」を成立させています。

本来であれば民主党《デモクラティック》は「大きな政府」「保護貿易《プロテクショニズム》」を旨としているはずですから、共和党《リパブリカン》が創ろうとしていた「自由貿易協定」など握りつぶす立場であったにもかかわらず。

こうしたところにも、共和党《リパブリカン》と民主党《デモクラティック》の政策の違いが曖昧《あいまい》になってきていることがわかります。

もちろん経済にも力を注ぎ、国内では永らく苦しんでいた「双子の赤字」を解消すべく尽力し、29年ぶり(*10)に財政収支を黒字に転換させることに成功しています。

（*08）イスラエルとPLOが相互承認し合い、和平に向けての交渉を始めることに合意したもの。
（*09）北米3ヶ国（カナダ・アメリカ・メキシコ）が結んだ自由貿易協定。
（*10）とはいえ、アメリカは1958年以来ずっと財政赤字がつづいており、その40年間のうち財政黒字だったのは1969年の1年だけだったので、ほとんど「40年ぶり」のようなものですが。

大した成果ながらも中途半端な評価

先にも触れましたが、「軍拡と財政改革を両立させた為政者は古来稀《まれ》（＊11）」です。にもかかわらず、クリントンは「覇権国家」としての責務を全《まっと》うし、各地に軍を送り込みながら、財政収支を黒字化させることに成功したのですから、なかなか大した成果を挙げていると評価してあげたいところです。

しかしながら、努力は認めるとしてその成果を見ると、どれも〝中途半端〟の感は否めません。

たとえば、「パレスティナ暫定自治協定」は生まれましたが、その後の和平交渉は頓挫《とんざ》しましたし、ユーゴ問題では調停がうまくいかず、ついに軍事介入に至って中露の反発を受けましたし、アフリカ内戦の鎮圧、北朝鮮の核開発の抑止にも尽力したもののことごとく失敗しています。

彼が重視した財政問題についても、たしかに「財政赤字」は解消しましたが、「貿易赤字」は解決できませんでした。

こうしてクリントン大統領は「中途半端」と評価されながら2期8年の任期を終え、つぎの大統領選挙では共和党《リパブリカン》から指名を受けたG・W・《ジョージウォーカー》ブッシュ（子）が民主党《デモクラティック》から政権を奪取することになりました。

（＊11）「歴史視点㉕」を参照。

「アメリカ一強」時代は風のように過ぎ去り、新たな敵・イスラームが立ちはだかる

2000年大統領選挙

ただ、このときの大統領選挙は「20世紀最後の大統領選」であると同時に、近年にない大荒れの大統領選となりました。

大荒れとなった原因の最たるものが「大統領選のシステム欠陥」にあります。

合衆国《アメリカ》の大統領選挙は「国民が候補者に直接投票（一般投票）して競う」ものではなく、「あらかじめ各州ごとに選挙人が割り当てられ、選挙人はその州で1票でも多く取った候補者に投票する」というものです。

選挙人は各州の人口比別に割り当てられる（＊01）ため、全50州のうち「過半数の26州を取ればよい」という単純なものでもなく、小州でちまちま勝ちを重ねても大州で敗れれば一気にひっくり返されることもあり得ます。

また、「僅差」「大差」に関係なく、勝った方がその州の選挙人を総取り《ウィナー・テイク・オール》できるというル

ールであるため、「一般投票の総数」では勝っているのに「選挙人の数」で敗けるという逆転現象もあり得ます。

このときの大統領選がまさにその事例でした。

民主党《デモクラティック》のゴア候補は、ブッシュ候補より一般投票の総数で54万票も多く獲得したのに、選挙人の数ではわずかに過半数を割ってしまいます。

しかも、25名もの選挙人を抱えるフロリダ州がきわめて僅差（約１８００票）だということが判明したため、これくらいなら再集計すれば簡単にひっくり返る可能性が出てきました。

もちろんゴア候補は「再集計」を要求します。

そこで機械による再集計を行ってみたところ、票差は縮まった（約１８００票→約１０００票）ものの、やはりブッシュの勝利。

諦めきれないゴア候補は、さらに「手作業による再集計」を要求しましたが、ブッシュ候補が反対して裁判沙汰となり、結局、最高裁で「否決」されて（＊02）、ゴア候補の敗北に終わりました。

（＊01）定数分（各州2名）があったり、例外（ネブラスカ州・メーン州・ワシントンＤＣ）があったりと、ホントはもう少し複雑なのですが、本筋からはあまり重要ではないので本書では割愛。

（＊02）当時の最高裁の判事が共和党寄りの人物でしたから、共和党に有利に働いた可能性がきわめて高い。

このように大統領選システムの不備により、以降、結果が僅差となるたびに、選挙システムの見直し問題が浮上することになります。

単独行動主義《ユニラテラリズム》

さて、〝疑わしい決着〟ではありましたが、大統領の椅子を掴《つか》んだブッシュ子《ジュニア》。

彼はアダムズ父子（＊03）以来2度目の「父子で大統領」となった人物となりましたが、前回はまだ「共和党《リパブリカン》」すら生まれてなかったころの遠い昔の話ですから、非常に珍しい事例だとわかります。

さて、先のクリントン政権はソ連《USSR》解体後の〝敵失〟を受けて、「アメリカ覇権《パックス・アメリカーナ》」を背景とした政策が色濃く出ていました。

しかし、〝敵〟というものはまるで〝モグラ叩き〟のように叩いても叩いても、つぎからつぎへと湧いて出てくるものです。

ブッシュ子《ジュニア》もまたソ連《USSR》亡きあとの〝新たな敵〟の試練を受けることになりました。

こたび、ソ連《USSR》に代わって合衆国《アメリカ》の前に立ちはだかった新たなる敵こそ、「イスラーム」です。

彼《ブッシュ》が大統領に就任したまさにその年（2001年）、突如として起こった「9・11同時多発テロ（＊04）」が開戦を知らせる〝法螺《ほら》貝〟となって戦端が開かれます。

メンツを潰された合衆国《アメリカ》は、何が何でも黒幕を叩き潰さなければなりません。

こうしてブッシュ子《ジュニア》の意図せぬところで、ドロ沼の「対テロ戦争（＊05）」へと突入していくことになります。

ところが、これから「対テロ戦争」に突き進むにあたって、合衆国《アメリカ》にとって〝足枷《かせ》〟となってきたのが「国際連合」。

「国連」といえば、教科書などでは「世界平和を希求しこれを維持するための国際機関」などと説明されていますが、あんなものは米英が〝大衆への目眩《めくら》まし〟として用意した政治喧伝《プロバガンダ》をそのまま載せたものにすぎず、その実態は「常任理事国（特に米国）が己《おの》が世界支配を成就させるために造った御用審議会」にすぎません。

しかし今や、常任理事国（米・英・仏・露・中）とはいっても勢力均衡《パワーバランス》が破れ、「米国《アメリカ》一強」時代を迎えたのですから、合衆国《アメリカ》としてもいちいち「国連」なんぞにお伺いを立てずとも、米国《アメリカ》一国の意思で自由に動きたい。

（＊03）第2代 J・アダムズと第6代 J・Q・アダムズ。

（＊04）旅客機がニューヨークにあった2棟の「ワールドトレードセンター」や「国防総省（ペンタゴン）」に突っ込んで甚大な被害を与えた事件。

（＊05）ブッシュ自身はこれを「第三次世界大戦」と呼びましたが、定着しませんでした。

そこで彼は、「ブッシュ主義《ドクトリン》」を打ち出し、その意思を明らかにします。

――今、世界中のすべての国は二者択一《オルターナティブ》の決断に迫られている。

それは我が国《アメリカ》に味方するか、テロ側に付くか、だ！

テロとの戦いにおいては、先制攻撃することも許される！

こうした戦略思想のことを「単独行動主義《ユニラテラリズム》」といいます。

ブッシュ子《ジュニア》暴走！

まず、「9・11」の黒幕を「アルカーイダ」だと断定し、その創設者U《ウサマ》・ビンラディンを匿《かくま》っていたアフガニスタン（ターリバーン政権）に　彼《ビンラディン》　の引き渡しを要求します。

ターリバーンがすなおに引き渡すわけもなく、それが拒否されるや、「十字軍《クルセード》」と称してターリバーンに戦《いくさ》を仕掛け（アフガニスタン戦争）、まだアフガニスタンが片付かないうちからさらに反米国家イラク・イラン・北朝鮮を名指しで「悪の枢軸《アクシス・オブ・イービル》」と非難し、難癖（*06）ふっかけて戦《いくさ》を仕掛けました（イラク戦争）。

どちらも「宣戦布告」もしていなければ（*07）「国連の承認」すら得ていません。

戦中戦後、日本に対してあれだけ「宣戦布告の前に真珠湾《パールハーバー》攻撃をした卑怯者」と面罵し、それを以《もっ》て日本に戦争責任を押し付けてきた合衆国《アメリカ》が、です。

「ポスト冷戦時代」以前までは戦時や緊張《テンション》を牽引する政権はいつも「民主党《デモクラティック》」でしたが、これほどの好戦的な外交を行ったブッシュ子《ジュニア》は「共和党《リパブリカン》」。

ここでも「共和党《リパブリカン》」「民主党《デモクラティック》」両党の政策上の差異がなくなってきていることが表れています。

アメリカに〝正義〟なし

こうしてブッシュ子《ジュニア》の2期8年は「対テロ戦争」に始まり「対テロ戦争」に終わることになりました。

ところで、「戦争」というものは20世紀初頭にガラリと変質し、19世紀までなら戦争（＊08）に勝ちさえすれば〝儲かる商売《ビジネス》〟でしたが、20世紀以降はたとえ勝っても赤字を垂れ流す〝不

（＊06）このときの〝難癖〟というのが「イラクは大量破壊兵器を保有している」というものでしたが、実際にはまったくの濡れ衣でした。歴史を振り返れば、米西戦争のときの「米艦メイン号爆沈事件」、太平洋戦争のときの「真珠湾攻撃」、ヴェトナム戦争のときの「トンキン湾事件」等々、アメリカは戦争をふっかけるにあたって、開戦口実を捏造・演出して因縁を付けます。それが建国以来のアメリカの常套手段。「歴史視点③」を参照。

（＊07）アメリカは「宣戦布告なしの奇襲攻撃」があたりまえで、そもそも「宣戦布告」自体、建国以来5回しかしたことがなく、きちんと「開戦前に宣戦布告」したのはたったの1回のみです。

採算事業〟になってしまいます。

　にもかかわらず、ブッシュ子《ジュニア》は「対テロ戦争」に力を注いだため、せっかく前政権《クリントン》のころに建て直した財政はアッという間に赤字に転落、そのうえ国連も国際輿論《よろん》も無視してまで「イラク戦争」を強行したのに、それを正当化した「大量破壊兵器」がついに見つかりませんでした。

　これではこたびの戦争、財政を傾け、輿論《よろん》を無視してまで強行したのに〝正義〟すらないことになり、国際的に非難を浴びたどころか、国民からも総スカンを喰らってしまいます。

　さらにブッシュ子《ジュニア》は、人気取り政策の一環として（＊09）「大型減税」まで強行していたため、財政赤字は膨大なものとなって国民からは完全にそっぽを向かれてしまいます。

　彼《ブッシュジュニア》が歴代大統領の中でも屈指の「無能」と評される所以《ゆえん》です。

2008年大統領選挙

　こうした情勢の中で大統領選挙の年（2008年）を迎えることになったのですから、はなから共和党《リパブリカン》に勝ち目が薄かったのですが、そのうえこの大統領選の真っただ中で金融危機「リーマン・ショック」が起こります。

「低所得者向けの住宅ローン（サブプライムローン）」が破綻して証券大手のリーマン・ブラザ

ーズが倒産、経済混乱を引き起こしたもので、これまで一貫して「金融の自由化」「金融の規制反対」を主張し、この事態を放置してきた共和党《リパブリカン》に怒りの矛先が集中することになります。

任期中のかずかずの失政に加え、「共和党《リパブリカン》で2期8年を満了していること」「大統領選の年の失態」となれば、もはや共和党《リパブリカン》に勝ち目なく、選挙の結果は、民主党《デモクラティック》指名のB《バラク》・H《フセイン》・オバマが〝合衆国《アメリカ》史上初の黒人大統領（＊10）〟に就任することになったのでした。

（＊08）「19世紀までの戦争」のことを歴史用語で「国王の戦争」、「20世紀以降の戦争」のことを「国民の戦争」といいますが、これについて詳説することは本題からずれてしまうため、ここでは触れません。詳しく知りたい方は、拙著『世界史劇場 第一次世界大戦の衝撃』（ベレ出版）の「第2章 第5幕」をご覧ください。

（＊09）一応、建前は「雇用創出」「景気刺激」「政府余剰の還元」など。

（＊10）とはいっても、黒人（ケニア人）と白人（スコットランド系）のハーフですが。

イスラームとの戦いに疲弊し、ついに「覇権国家」であることを放棄する

ブッシュの〝尻ぬぐい〟に忙殺されるオバマ

では、このような情勢の中で新大統領となったB《バラク》・オバマが為《な》すべきことは何か。

それは前大統領《ブッシュジュニア》がしでかした数々の失政の〝尻ぬぐい〟です。

ブッシュ子《ジュニア》は、前大統領《クリントン》が築き上げた遺産を喰いつぶしただけでなくマイナスにして、あらゆる問題・矛盾の解決を先送りにしましたから、オバマ大統領はこれをひとつひとつ解決していかなければならなくなります。

まず経済面の〝尻ぬぐい〟としては、「リーマン・ショック」から立ち直るためつぎつぎと弱者救済の経済政策を打ち出します。外交面での〝尻ぬぐい〟は、ブッシュ子《ジュニア》が始めた「アフガニスタン戦争」と「イラク戦争」を収めること。

このふたつはオバマ政権になっても大した成果もないまま燻《くすぶ》りつづけ、日々軍事費を垂れ流しつづけ、経済を圧迫していました。

アフガニスタン撤退

アフガニスタンといえば、１９７９年、ソ連《USSR》はこれにちょっかいを出したがために、10年にもおよぶ〝泥沼〟に嵌《はま》って身動きできなくなり、そのまま体力を消耗させられて〝死〟に至っています。

合衆国《アメリカ》も他人事《ひと》ではない、ソ連《USSR》と同じ〝泥沼《アフガニスタン》〟に嵌《はま》って早や10年、財政は傾きソ連《USSR》の二の舞になりかねない情勢です。

しかも、合衆国《アメリカ》の場合はアフガニスタンだけでなく、あちこちに手を出して、特にイラクにも手を焼いていました。

ただ、イラクの方はすでに戦争は終わり、占領政策に手間取っていただけでしたから何とでもなるとして、アフガニスタンの方はいまだ交戦中でした。

このまま何の成果もなく撤退したのでは〝尻尾を巻いて逃げ出した〟となってメンツが立ちません。

撤退するにしても、メンツを立たせる〝口実〟が必要です。

となれば、そもそもこの戦争が始まった原因は「ビンラディン」でしたから、このビンラディンさえ始末してしまえばよい。

こうしてビンラディン暗殺に成功（＊01）するや、米軍はその2ヶ月後には早々に撤退を開始します。

他にも、キューバを訪問して「キューバ危機」以来冷え込んでいたキューバと国交を回復（キューバの雪融《ど》け）し、ヴェトナムやミャンマーとの関係も改善。

訪日もして「広島平和記念公園」を訪れ、謝罪こそしなかったものの原爆投下を「道義的目覚め」と位置づけ、日本への歩み寄りを見せます。

こうして、ブッシュ子《ジュニア》が「単独行動主義《ユニラテラリズム》」を掲げてさんざん引っ掻き回した国際外交を安定たらしめることに力を尽くしたのでした。

「世界の警察官やめた！」

しかし、財政赤字がなかなか好転しません。

ブッシュ子《ジュニア》のころよりは赤字額が減ったとはいえ、いつまでも「覇権国家」として世界中に軍隊を配備していたのでは、「大きな穴の開いた盥《たらい》」に水を汲んでいるようなもの。

オバマ大統領は「まずはこの〝穴〟を塞がなくては」と考えます。

――我が国《アメリカ》はいつまで〝世界の警察官〟でなければならないのか。

これは「今後、新たに国際的な危機が起こっても合衆国《アメリカ》を頼らないでもらいたい」「世界中に配備している米軍は順次退いていく」との意思表示で、殊《こと》の外《ほか》重要な意味を持ちます。

ここまで、世界が「第三次世界大戦」に至っていないのは、「アメリカ体制」あったればこそなのに、それを合衆国《アメリカ》が放り出すと宣言したようなものなのですから。

そのことを理解するために、もう一度確認します。

ここまで見てまいりましたように、17世紀以降「国際秩序《インターナショナル・オーダー》」が壊れれば、かならずその先に待っているのは大戦争であり、それを避けられたことは一度もありません。

①「ウェストファリア体制」が壊れたときは、フランス革命戦争・ナポレオン戦争が勃発し、

②次の「ウィーン体制」が壊れたときは、第一次世界大戦が勃発し、

③次の「ヴェルサイユ体制」が壊れたときは、第二次世界大戦が勃《お》こりました。

④したがって、第二次大戦後を支えた「ヤルタ体制」が壊れたとき、「すわ！　第三次世界大戦か!?」と危惧されましたが、このときはすぐに「アメリカ体制」が生まれてくれたおかげで20年ほど〝延命〟されている形です。

歴史を知らないと、今の「第三次世界大戦が勃《お》こっていない状態」を当たり前のように思っている方も多いですが、じつはこれ、きわめて異例の状態なのです。

（＊01）　２０１１年5月。ＣＩＡが居場所を突き止め、実行部隊として「ネイヴィ・シールズ」が暗殺に成功しています。

これまで大戦争の勃発を押さえる「国際秩序《インターナショナル・オーダー》」というのは〝国際会議による列強諸国の合意〟によって成立してきました。

右で挙げた4つの国際秩序《インターナショナル・オーダー》はすべて「ウェストファリア会議」「ウィーン会議」「パリ講和会議（*02）」「ヤルタ会談」という会議で成立したものです。

しかし、現在の「アメリカ体制」は会議に拠《よ》るのではなく、合衆国《アメリカ》が単独で国際秩序《インターナショナル・オーダー》を支えるという特殊な形です。

じつは、こうした例は2回目で、「ウィーン体制」が崩壊したときにも一度起きています。

よく見てみると、フランス革命戦争はウェストファリア体制が壊れるのとほぼ同時に勃発していますし、第二次世界大戦もヴェルサイユ体制が崩壊してからたった4年で起きていますが、「ウィーン体制」が崩壊（1848年）してから第一次世界大戦が勃発（1914年）するまではかなりの〝開き〟があります。

じつは、ウィーン体制が崩壊すると、案の定、50年代・60年代と戦争が相次ぐ混迷期に入っていったのですが、ここに「ビスマルク」というひとりの天才政治家が現れて、1871年にドイツを統一するや、以降20年にわたって〝ドイツ一国で国際秩序《インターナショナル・オーダー》を維持する体制〟が生まれたのです。

話がややこしくなるためここまで「ビスマルク体制」には触れてきませんでしたが、より正確に説明すると、左のようになります。

・1周目：ウェストファリア体制 → 崩壊 → フランス革命戦争・ナポレオン戦争
・2周目：ウィーン体制 → 崩壊 → ビスマルク体制 → 崩壊 → 第一次世界大戦
・3周目：ヴェルサイユ体制 → 崩壊 → 第二次世界大戦
・4周目：ヤルタ体制 → 崩壊 → アメリカ体制 → 崩壊 → 第三次世界大戦？

つまり、国際会議によって構築された「国際秩序《インターナショナル・オーダー》」が壊れたとき、
①そのまま大戦争へと転げ落ちていくパターンと、
②一国で国際秩序《インターナショナル・オーダー》を支える時代を20年ほど（＊03）挟んでから大戦争に向かうパターン
…の2パターンがあり、現在に至るまで、この2つのパターンを交互に2周していることがわかります。

（＊02）「ヴェルサイユ体制」を産み落とした会議ということで「ヴェルサイユ会議」ということもありますが、実際の会議はほとんどパリの外務省（ケドルセー）内で行われているので、あまり適切な名称とは言えません。
（＊03）「ビスマルク体制」も「アメリカ体制」もどちらも20年ほどで解体しています。

さて、ここまで解説を読んで、合衆国《アメリカ》の「世界の警察官をやめる」と公言した、その言葉の重要性がご理解いただけたでしょうか。

合衆国《アメリカ》が「世界の警察官をやめる」と公言したということは「アメリカ体制が崩壊した」ことを意味し、それは「ビスマルク体制」が壊れたとき同様、「第三次世界大戦の勃発を止める者がいなくなった」ことを意味しているのです。

歴史は繰り返す

じつは、合衆国《アメリカ》には〝前科〟があります。

時を遡ること1933年。

この年は、世界恐慌がもっとも深刻になった年で、塗炭の苦しみに喘《あえ》ぐドイツでは「ヴェルサイユ体制の破棄」を掲げるA《アドルフ》・ヒトラーが政権を獲り、「ヴェルサイユ体制」が揺らぎ始めていました。

これに危機感を感じた欧州《ヨーロッパ》列強が善後策を話し合うことになります。

所謂《いわゆる》「第3回 世界経済会議」です。

世界中から66ヶ国もの全権がロンドンに集まり、恐慌対策の議論が交わされましたが、この会議の主催者はイギリスだったとはいえ、その成否は世界を牽引する合衆国《アメリカ》の指導力《イニシアチブ》にかかっていました。

ところが、Ｆ《フランクリン》・ルーズヴェルトには指導国たる自覚なく、すでに〝他国を踏み台にして自国《アメリカ》の生き残りを図る〟「ニューディール政策」に舵を切っていたため、会議にきわめて非協力的で失敗に終わります。

国際秩序《ヴェルサイユ・システム》が傾き、今にも倒れそうになっているときに、それを支える立場にある合衆国《アメリカ》がそっぽを向いたのですから、この瞬間「第二次世界大戦」の勃発は決定的になったと言っても過言ではありません（＊04）。

覇権国である合衆国《アメリカ》が「国際社会のことなど知ったことか！」と尻《けつ》をまくり、「ブロック経済」に入ったのですから、「ならば！」とイギリス・フランスも「ブロック経済」に入っていけば、ブロックからあぶれた日・独《ドイツ》・伊《イタリア》は生存圏《レーベンスラウム》をかけて生き残りを図るより術《すべ》がなくなり、そこからは岩が坂を転げ落ちるように「第二次世界大戦」まで まっしぐらとなりました。

こうして合衆国《アメリカ》は、威勢のいいとき（１９２０年代）だけ〝親分面《づら》〟して、あれこれと他国《ひと》に指図してくるくせに、いざ（１９３０年代）となると何も助けてくれませんでしたが、現在の

（＊04）いわば「第二次世界大戦」の責任はアメリカにあると言っても過言ではありませんが、戦後、アメリカはプロパガンダをまき散らし、「戦争責任はすべてヒトラーにある」「日本にある」と喧伝しました。戦後、多くの日本人はそれを真に受けたものでした。

合衆国《アメリカ》も、勢いのあったブッシュ（2000年代）のころは、世界各地に軍隊を派遣して世界を自分の支配下に置こうとしたくせに、いざ（2010年代）となると「世界の警察や～めた！」。

今も昔も合衆国《アメリカ》は本質的なところで何も変わっていないことがわかります。

しかし、合衆国《アメリカ》が自分の殻に閉じ籠ったとき、「世界大戦」の跫音《あしおと》が忍び寄ってきているときです。

つまり、事は極めて切迫しています。

ただし、オバマ大統領の「世界の警察官をやめる」発言がどこまで本気なのか、この時点ではまだ未知数で、大統領が替われば〝前言撤回！〟ということはあり得ます。

次期大統領の動向を注視しなければなりません。

2016年大統領選挙

さて、そのオバマ大統領も「2期8年」の任期を満了したため、次（2016年）の大統領選挙で民主党《デモクラティック》から指名を受けたのは前民主党《デモクラティック》大統領の妻H《ヒラリー》・クリントンでした。

対する共和党《リパブリカン》から指名を受けたのは〝過激発言〟で鳴らしたD《ドナルド》・トランプ。

――メキシコ移民は麻薬と犯罪を持ち込む元凶だ！

よって、メキシコとの国境に〝万里の長城〟を築く。

その費用（約1兆円）は全額メキシコに払わせる！
――「9・11」の際、対岸のニュージャージー州では
数千人ものアラブ人が拍手喝采してその光景を称えていた。（事実無根）
――ムスリムの入国は全面的に禁止させる。
モスクを閉鎖し、ムスリムの身辺調査を行う監視体制を敷く。
――イスラームどもに対しては拷問を復活すべきである！
――白人によって殺される黒人の数よりも
黒人によって殺される白人の数の方がはるかに多い。（ソースなし）

　こうした〝中二病〟発言を繰り返す彼の言動をリアルタイムで見ていた筆者は、トランプ候補のあまりにひどい〝煽動政治家《デマゴーゴス》（＊05）〟ぶりに、「選挙法則（歴史視点㉑）から推察すれば、つぎは共和党《リパブリカン》（トランプ）が勝つはずなんだが、ここまでひどいとさすがにトランプの勝ちはないか？」と観察していましたが、なんのことはない、蓋《ふた》を開けてみればトランプの勝利（＊06）。

（＊05）古代アテネの末期に現れた政治家で、大風呂敷を広げて衆目を集め、できもしないことを大言壮語し、舌先三寸で大衆を煽動するくせに、いざ政治を任せてみると〝無能〟であることが判明する政治家のこと。

（＊06）2000年の大統領選（ブッシュ vs ゴア）同様、一般投票の得票数ではヒラリーが勝ったものの、選挙人獲得数ではトランプが上回るという際どいものではありましたが。

大衆が「煽動政治家《デマゴーゴス》」がごとき口舌《こうぜつ》の徒《と》を支持するようでは、もはやその国の未来は暗い。

とはいえ、トランプが勝ったことにより、戦後以来の「2期8年ごとに政権政党が交替する」という原則は守られました。

一時は、カーターがあまりに無能だったために〝ブレ〟が生じ(＊07)ましたが、すぐに持ち直してこの法則は活きつづけていることがわかります。

トランプの〝負の遺産〟

さて、トランプの政策を語るにあたり、今一度「第二次冷戦」後の歴代大統領の基本政策を振り返ってみましょう。

(大統領)	(政党)	(仮想敵国)	(対外戦)	(経済)
・レーガン	(共和党)	：ソ連《USSR》	：第二次冷戦	：双子の赤字
・クリントン	(民主党)	：敵失	：パックス・アメリカーナ	：財政黒字
・ブッシュ子《ジュニア》	(共和党)	：イスラーム	：対テロ戦	：双子の赤字
・オバマ	(民主党)	：国際和平	：「世界の警察やめた」	：双子の赤字

こうしてみると、冷戦時代の「穏健の共和党《リパブリカン》、好戦的な民主党《デモクラティック》」とは逆になっており、やはり両党の政策上の差異がなくなってきていることが読み取れます。

この調子でいけば、トランプは「好戦的」となるはずですが、彼の外交を見てみると、

・「IS（イスラム国）」を叩くためにイラク・シリアに空爆を実施し、
・中国に高関税をかけて、中国との貿易戦争を始め、
・金正恩《キムジョンウン》を「ロケットマン」と呼んで挑発し、
・イスラエルの首都がイェルサレムであると認定して同盟国からすら非難を浴びる

…といった具合に、基本的に「好戦的」と言えそうですが、それ一辺倒というわけでもなく、

・イスラエルとUAE・バーレーンとの国交正常化を仲介
・歴代大統領で初めて訪朝して金正恩《キムジョンウン》と会談し、朝鮮の非核化を協議

…など、一定の和平への動きもしています。

（＊07）カーター、およびブッシュ父のころ。
（＊08）気候変動（特に温暖化対策）に関する国際協定。加盟国にはさまざまな制限や義務が課せられるため、各国の負担も大きくなり、それが「アメリカ・ファースト」のトランプの反発を買いました。
（＊09）英語で「Make America Great Again」なので、その頭文字を取って「MAGA（マガ）」と表記することもあります。

一見、相反する動きのように見えますが、彼《トランプ》の一貫した政策の根本は「合衆国《アメリカ》第一主義《ファースト》」。大型減税をかけたのも、「パリ協定（＊08）」から離脱したのも、コロナ対策を軽視したのも、前政権《オバマ》の「世界の警察官をやめる」を継承したのも、すべては「合衆国《アメリカ》を再び偉大な国にする（＊09）」ため。

しかし、好戦的な外交は不用意に多くの敵を世界中に作らせ、金正恩《キムジョンウン》との会談は結局なんの成果も生まず、大型減税は一時的な景気回復の効果はあったものの、その弊害として財政赤字を過去最大にまで膨らませて経済を傾かせ、さらにコロナ対策の軽視がコロナ蔓延を深刻化させて経済の冷え込みに拍車をかけています。

公約だった「メキシコの壁」も中途半端に作っただけで完成させられず、その費用をメキシコに出させることなど実現できるわけもなく。

選挙中の数々の公約は何ひとつ大きな成果を生むことなく、自分の失策・陰謀を指摘されれば、相手の言葉を遮《さえぎ》って「それはフェイクニュースだ!」と子供のように喚《わめ》き散らして報道陣を煙《けむ》に巻く。

彼がこの4年間で積み上げた〝負の遺産〟は次の大統領が負うことになります。

《 第7章 》

そして現代

「死に至る病」に取りつかれた合衆国の暗い未来

順当であれば、共和党が勝つ選挙。しかし、トランプの無能ぶりが原則を破る

ついこの間、「ノストラダムス（1999年）」だ、「ミレニアム（2000年）」だ、「21世紀の幕開けだ（2001年）」と騒いでいたかと思ったら、もうそれから四半世紀がすぎようとしている時の流れの速さには驚かされるばかり（*01）ですが、いよいよ「今」を生きる我々の時代に入ります。

2020年大統領選挙

こうして迎えた前回の2020年の大統領選は、2期目を狙うトランプと民主党から指名を受けたG《ジョセフ》・R《ロビネット》・バイデンの一騎打ち（*02）となりました。

それでは、どちらが勝つのか、これまで合衆国《アメリカ》史を学びながら紡いできた「歴史法則」を紐《ひも》解《と》きながら考察していきましょう。

ここまで、大統領選の結果には「TV討論会の勝敗が大きく影響する（*03）」と述べました

が、今回のTV討論会は終始お互いに口汚く罵倒《ばとう》し合うばかりで、アンケートの結果もっとも多かったのが「トランプ支持（41％）」でも「バイデン支持（48％）」でもなく「不愉快（69％）」という為体《ていたらく》で勝敗は付きませんでした。

そうなると、つぎに「大統領選挙中に現職が外交成果を挙げるか、失政をやらかすかで大きく結果に影響（＊04）し」ますが、ちょうどこの選挙中にコロナが猛威を振るいはじめましたから、ここで現職トランプ大統領がどう立ちまわるかが重要になってきます。

ここでうまく処理できればトランプの勝ち、失態を演ずれば敗れるという重要な局面に立たされているのに、どうやらトランプにはそうした自覚がまったくなかったようで、一向に策らしい策を講じることなく、

「何の問題もない（1月22日）」

「こんなものはただのインフルエンザだ（2月26日）」

（＊01）織田信長が「人間五十年　夢幻の如くなり」と謡い、豊臣秀吉が「浪速のことも夢のまた夢」と詠み、上杉謙信が「四十九年一睡の夢」と詠んだように、晩年になると皆、時の流れの速さに感慨を持つようです。
（＊02）もっとも泡沫候補も含めるなら、トランプ・バイデン両候補の他に1212名もの立候補者がいましたが。
（＊03）「歴史視点⑳」参照。
（＊04）「歴史視点⑲」参照。

「そのうち奇蹟のように消えるだろう（2月27日）」

…と、何の根拠もない楽観論を繰り返すばかり。

そうして手をこまねいているうちにコロナによる死亡者数は等比級数的に膨らんでいき、年内には第二次世界大戦の米兵の戦死者（＊05）を超える勢いとなります。

批判の目が集まっていることに焦りを覚えたトランプは、今度は、

「コロナを1分で死滅させてしまう消毒剤がある」（4月24日）

「感染者が多いのはむしろよいことだ」（5月19日）

…とほぼ意味不明な〝中二病〟発言や、感染者の感情を逆撫でするような言動を繰り返すようになり、国民の支持を急速に失っていくことになりました。

よりによって大統領選の真っただ中に感染爆発《パンデミック》に襲われたことは、トランプ大統領にとって不運といえるかもしれませんが、見方を変えれば、これに正面から立ち向かい、東奔西走して戦う姿を国民に見せていたら確実にトランプが勝っていたでしょうに、彼のやったことはただただ「根拠のない楽観論」を口にして無為無策をつづけ、状況を悪化させるばかり。

これはもう、まるっきりフーヴァー大統領そのもの。

彼は「歴代大統領ランキング」でつねに最下位争いをする大統領ですが、襲いくる世界恐慌を前にして、ただただ「根拠のない楽観論」を口にして無為無策をつづけ、状況を悪化させていったものです。

そして大統領選挙の投票日を目前にした10月2日、トランプ本人がコロナに罹患《りかん》してしまい、この大切な時期に〝10日間の戦線離脱〟を余儀なくされます。

当然、その間「ＴＶ討論会」を初め予定されていた行事をすべてキャンセルせざるを得なくなり、選挙戦略上もさることながらイメージ的に大打撃となりました。

こうして任期４年目の大失態によって、バイデン候補が獲得選挙人の過半数２７０を大幅に上回る３０６を得て当選。

奇《く》しくも、コロナがトランプの「無能ぶり」を露呈する結果となり、トランプの敗戦で幕を閉じることになります。

「煽動政治家」から「謀反人」へ

しかし、ここで堂々と敗北を認めないところがトランプのトランプたる所以《ゆえん》か。

敗れたトランプはなんと、支持者の暴動を煽《あお》るという暴挙に。

（＊05）アメリカは１９４１年から45年までの４年間で29万人の戦死者を出していますが、２０２０年の１年間のコロナ死者数だけで30万を超えています。

「我々は議事堂に行進する！」

この言葉を合図に支持者が議事堂に侵入し、内部を荒らしまわります。

これはB《ベニート》・ムッソリーニの「ローマ進軍《マルチャ》」、A《アドルフ》・ヒトラーの「ミュンヘン一揆《プッチ》」を彷彿とさせる所業で、このときも5名の死者を出す惨事となりました。

ここまでくると、「煽動政治家《デマゴーゴス》」の域を超えて「謀反人」。

もちろん決定が覆ることはなく、ついにはトランプも敗北を認めることになります。

ふたたび乱れる法則性

さて、民主党《デモクラティック》のバイデンが勝ったことで、戦後以来の「2期8年ごとに政権政党が入れ替わる」という法則がまたしても乱れてしまいます。

この法則性が乱れたのは、カーター以来の40年ぶり2度目。

なぜカーター・トランプの両名のときだけ法則性が乱れたのか。

両名の共通点は何か。

ふたりは時代も政党も政策方針も何もかも違いますが、唯一共通点を挙げるとすれば「大統領資質のなさ（＊06）」。

大統領に平凡レベルの資質があれば「2期8年ごと」の法則性は維持されますが、これを維持できないほど資質に欠ける大統領が現れると、法則に〝乱れ〟が生じます。

歴史視点㉖

戦後の「2期8年ごとに政権政党が交替する」という法則は、それを維持するだけの大統領資質に欠けた人物が現れると〝乱れ〟が生じる。

前回カーター大統領のときの〝乱れ〟はすぐに復調しましたが、今回トランプ大統領の場合、前回のような復元力が発揮されるかどうかは未知数です。

たとえば、ここに安定して回っている独楽《こま》（大統領選の法則性）があったとします。これを指で突《つつ》いた（カーター大統領）くらいであれば、独楽《こま》は一瞬バランスを崩す（法則性が乱れる）かもしれませんが、すぐに元の安定した回転に戻ります。

しかし、独楽《こま》が倒れるほどの強い力で叩《はた》いた（トランプ大統領）としたら。独楽《こま》は倒れてしまい、2度と立ち上がらなくなるでしょう。

（＊06）あけすけな言葉で言えば「無能」ということ。

つまり、トランプ大統領の〃破壊力（無能ぶり）〃がどの程度のものかで、この先、法則性が復調するのか、それともまったく新しい段階に入るのかが決まることになります。

バイデン政権の特徴

さて、それではバイデン大統領はどのような政策を遂行していったのでしょうか。

振り返れば、ソ連《USSR》が解体して以降、

① 共和党《リパブリカン》のブッシュ父《シニア》が引っ掻き回した外交を民主党《デモクラティック》のクリントンが尻ぬぐいする。

② 共和党《リパブリカン》のブッシュ子《ジュニア》が引っ掻き回した外交を民主党《デモクラティック》のオバマが尻ぬぐいする。

…とおなじパターンを2周してきて、今また、

③ 共和党《リパブリカン》のトランプが外交をさんざん引っ掻き回してきたのですから、これを受けて民主党《デモクラティック》のバイデンが為すべきことは〃尻ぬぐい〃ということになります。

そこでバイデン大統領は「America is back」と宣言し、トランプ大統領が尻《けつ》をまくった「パリ協定」に復帰するなど同盟国の信頼回復に努め、特に日・韓・比《フィリピン》・豪《オーストラリア》など環太平洋同盟国との関係強化に尽力します。

同盟国以外だと、公約通りアフガンからの米軍撤退を完了し、トランプが喧嘩（対中貿易戦争）を吹っ掛けて関係が冷え込んでいた中国には「民主主義と専制主義の戦い」と位置付けて

対中経済制裁自体は継続したものの、それでもこれ以上対立がこじれないよう、対話を重ねていきました。

しかし、対露政策だけは辛辣《しんらつ》です。

トランプ大統領の「親露」は有名で、彼が大統領になる前から「プーチンは尊敬される人物」と彼を称賛し、大統領選ではロシアの後援《バックアップ》があったと噂され(＊07)、大統領に当選するやただちにプーチンと電話会談して、「これからは強固で永続的な関係を築きたい」と述べているほど。

打って変わってバイデンは大統領になる前から「反露」の立場で、トランプに対しては「プーチンの犬」と冷罵《れいば》し、ロシアを「最大の脅威」と位置付けていました。

そうした中で2022年2月、ついに「宇露《ウクライナロシア》戦争(＊08)」が勃発したため、バイデンは「こたびの戦争責任はすべてロシアのみに帰する」と非難し、米露関係はいよいよ冷え込んでいきました(＊09)。

(＊07)　サイバー攻撃、SNSを用いた輿論工作など。当然トランプ本人は否定していますが、ロシア側がこれを認めてしまったため、作戦名（ラフタ作戦）まで判明しています。
(＊08)　単に「ウクライナ戦争」と呼ばれることもあります。
(＊09)　このときぞとばかり、バイデンは国内のインフレを「ロシアが侵略戦争をしたせい！」と責任転嫁しています。

内政においては、バイデンは大統領に就任したその日、最初に命じたのがトランプが始めた「国境の壁」の建設中止でした。

しかし、それにより不法移民の流入が爆増してしまい、バイデン大統領もいろいろと策を講じますがうまくいかず、23年ついに「壁の建設を再開」しています。

これは「自らの移民対策が失敗だった」「トランプが正しかった」と認める形となり、批判が集中します。

また、彼が大統領に就任してほどなく激しいインフレ（*10）が起こりましたが、これに彼は明快な対策が立てられず、国民の不満が高まります。

残念ながら、バイデンという人物は「凡庸」という言葉がピッタリな人物で、正直「大統領《トップ》」に立つ器ではなく、どちらかといえば「事務官」か、せいぜい「副大統領」くらいが順当なところ。

泰平の世ならこうした「凡庸」な人物が立ってもさしたる弊害はありませんが、国が傾いているときのトップとしてはふさわしくありません。

（＊10）その原因をバイデンが強行したコロナ対策の多額の給付金にあるとし、人々はこれを「バイデンフレーション」と揶揄しています。

順当であれば、民主党が勝つ選挙。しかし、バイデンの高齢問題が原則を破る

検証！２０２４年大統領選挙

さて、こうした歴史を経て、ついに２０２４年の大統領選挙を迎えました。

当初対峙したのは前回と同じ「トランプvsバイデン」。

こたびの大統領選挙はどちらに軍配が上がることになるのか、これまで学んできた「歴史法則」と照らし合わせながら推理してみましょう。

まず第一に、「戦後、２期８年ごとに政権政党が交替する（＊01）」という法則がありましたから、この法則をそのまま当て嵌《は》めれば「バイデン勝利」ということになります。

しかしながら、この法則には「著しく資質に欠ける大統領が現れると乱れる（＊02）」という例外があったことを忘れてはなりません。

実際、カーターとトランプは「２期」を守ることができませんでした。

そして、今回バイデンも〝大統領の資質〟にかかわる大きな問題を抱えています。

それが「高齢問題」です。

トランプが大統領に就いたとき、「36年ぶりに史上最高齢を更新(＊03)」として騒がれましたが、バイデン大統領はこれをあっさりと8歳も抜《やっつ》いて「78歳」で1期目の大統領に就任しています。

したがって、2期目ともなると「82〜86歳」。

合衆国《アメリカ》大統領はただ大統領の椅子に座って書類にサインしていればよいのではありません。

国際秩序《インターナショナル・オーダー》の〝守番〟としての国際的責任を負い、世界中を飛び回って各国首脳と会談に臨《のぞ》み、政治的駆引《かけひき》を行い、同盟国・敵対国・中立国との利害調整を行わなければなりません。

これには世界中のマスコミ・首脳たちが、大統領の一挙手一投足・一言一句に注視し、何気ないちょっとした仕草や言葉尻を捉《とら》えては追及・非難してきますから、一瞬たりとも気の抜けない緊迫した日々、分刻みの予定《スケジュール》をこなす激務が4年間にもわたってつづくのです。

まだ2期目が始まる前からすでに〝息を吐くように失言を繰り返す〟ため、「失言製造機《ガフマシン》」

(＊01)「歴史視点㉑」参照。
(＊02)「歴史視点㉖」参照。
(＊03)それまでの最高齢大統領は1981年に大統領に就任したR・レーガンで「69歳」、トランプは「70歳」でした。

などと揶揄《やゆ》されているバイデンが、ほんとうに82～86歳まで務めることができるのか。

したがって、バイデン陣営としては「高齢問題」は踏まれれば爆発する〝地雷〟であり、この問題がクローズアップされれば、国民がバイデンに対する大統領の〝資質〟に疑念を抱くことになり、そうすればバイデンの勝利は絶望的となるでしょうから、バイデン陣営にとってこの「高齢問題」は触れてほしくない禁忌《タブー》となります。

そこでもうひとつ、選挙の勝敗は「TV討論会の勝敗が、大統領選そのものの勝敗に直結する(＊04)」という法則がありましたから、バイデンがこの劣勢を挽回するためには、討論会でいいところを見せなければなりません。

しかし。

この「TV討論会」でバイデンの「高齢問題」が露《あらわ》になってしまいました。

登壇するときの歩き方は、老人特有の〝ちょこちょこ歩き〟。

口を開いたかと思えば、嗄《しわが》れた張りのない声。

自分《バイデン》が弁論中は簡単な言い間違い(＊05)を連発し、相手《トランプ》が談じているときはうつろな表情。

これにはバイデン支持者からすら「おいおい、大丈夫か?」と不安視する声が上がり、多くの人たちから「バイデン候補は認知症ではないのか?」との疑念と、「あれでは政策云々以前に、そもそも大統領の激務に耐えられまい」と〝資質〟を問われることになりました(＊06)。

戦後、その〝資質〟が疑われた大統領が2期を守れた例《ためし》がありません。

果たせる哉《かな》、こたびの討論会を視聴した者へのアンケート調査の結果は、トランプが勝ったと思った視聴者が「67％」、バイデンが勝ったと思った視聴者が「33％」とトランプの圧勝となりました。

2024年大統領選挙の行方

由是観之《これによりてこれをみるに》。

もはやバイデンに勝ち目はなさそうです。

筆者がこれを書いているのは、この「第1回TV討論会」の直後ですので、まだどちらが勝つかは未知数とはいえ、ここからバイデンが劣勢を覆して一発逆転の目があるとするなら、「残された期間で輝かしい外交成果を挙げる（＊07）」くらいしかありませんが、それも期待で

（＊04）「歴史視点⑳」参照。

（＊05）「5000億ドル」と「5億ドル」を言い間違えたり、「億万長者（billionaires）」を「兆万長者（trillionaires ）」と言い間違えたりして聴衆から失笑を受けていました。

（＊06）焦ったバイデン陣営は「当日バイデンは風邪を引いていて体調が悪かったのだ」と弁明し、バイデン本人は「寝不足で討論会の途中何度も眠りそうになっていたから」と釈明しています。

きそうな予兆がありません（＊08）。

もしこのままトランプが大統領になれば、彼は「連続しない2期を務めた大統領」としてはS《スティーヴン》・G《グロバー》・クリーブランド大統領以来、132年ぶり2人目の大統領となります。

そして、戦後は「2期8年ごとに政権交替」が既定路線で、「1期で政権政党が交替」した唯一の例外がカーター大統領だったのに、この「トランプvsバイデン」の戦いが始まるや、「1期で政権政党が交替」という異例が2回連続することになります。

ちなみに、筆者がこうした歴史法則を探すとき、気を付けて見ているちょっとしたコツがあります。

それは、「1回」しか起きていないことは「例外」として無視しても問題が起こることはほとんどありませんが、「連続」で起きたものは「某《なにがし》か変化が起こっている」と考えて間違いないということです。

歴史視点㉗

「1回」しか起こらなかったものは「例外」として処理すればよいが、「連続」して起これば、それは水面下で変化が生まれている証拠となる。

こたびバイデンが敗れれば、「政権政党は2期8年ごとに交替する」という原則は破れ、これからは「1期ごと」という新たな法則に従っていくことになるのかもしれません。

近年の大統領選に合衆国《アメリカ》の衰亡を見た！

「高齢」が足枷《かせ》となったバイデンですが、斯《か》く言うトランプだってバイデンとは4歳《よっつ》しか違わない「78歳」で、今回当選すれば任期中に80を超える高齢です。

今のところトランプ候補は壮健そうですが、それとてこれから4年保《も》つかどうかわかったものではありません。

こんな任期を全《まっと》うできるかどうかも殆《あや》うい「老人vs老人」が戦う大統領選が繰り返されること自体が合衆国《アメリカ》の衰亡を象徴しています（＊09）。

先ほども述べましたが、「連続」で起きることには何かしら〝意味〟があるからです。

（＊07）「歴史視点⑲」参照。
（＊08）さもなくば、トランプ候補が急病に伏すとか凶弾に斃れるとか、それくらいの不測の事態でも起きなければ逆転は難しそうです。
（＊09）「歴史視点㉗」参照。

どんな業界・分野・組織でもそうですが、業界・分野・組織に活気があるときというのはかならず世代交代が激しいものです。

興隆期にある業界・分野・組織は、かならず若者に活躍の場が与えられ、つぎつぎと新しいものが生まれる素地があります。

逆に、いつまでもご老体が頂点《トップ》の座に居座って新陳代謝がなくなり、若者の芽を摘むような体質に陥った業界・分野・組織はかならず衰退していきます。

例を挙げれば枚挙に遑《いとま》ありませんが、身近なところで例を挙げれば「日本のTV業界」。

この業界が「オワコン（＊10）」と叫ばれるようになって久しいですが、筆者はそのような言葉すら生まれるずいぶん前から、まだTV視聴率が絶頂を誇り、フジが立派な本社ビルを建設するなど業界全体が〝我が世の春〟を謳歌《おうか》していたころから「TV業界はもうダメだな」と看破していました。

なんとなれば、当時「20年30年にもわたって大御所がMCを務める長寿番組《プログラム》」とか「何度番組《プログラム》改変されても似たり寄ったりの番組《プログラム》ばかり」という状態が続いていたからです。

〝長寿番組《プログラム》〟と言えば聞こえはいいかもしれませんが、裏を返せば「業界自体が新しい番組《プログラム》を生み出す力を失って硬直化している」だけのことですし、〝大御所〟などと呼ばれてご満悦のご老体らがいつまでも頂点《トップ》に居座りつづけているということは、「若手を育む土壌が業界から失われている」だけのことです。

人間も老いとともに新陳代謝が落ちてきますが、業界・分野・組織も同じ、新陳代謝が落ち、いつまでも〝上〟がのさばって若手が育たなくなった組織はかならず衰えます（＊11）。

こたびの大統領選挙でも、「過去最高齢」の記録を毎回更新しあう2人の〝ご老体〟が2連続で大統領選を争うという事実こそが、若手が育ってきていない、すなわち「祖国《アメリカ》が〝死に至る病〟に罹《かか》っている」ことを意味しています。

「衆愚政治《オクロクラティア》」の末路

しかしながら、そもそも彼ら〝老人大統領〟が生まれるのも、これを熱烈に支持する者たちがいるからです。

先の「日本のTV業界」の例で言えば、業界絶頂の只中《ただなか》にあって業界を蝕《むしば》んだ元凶こそが

（＊10）「終わったコンテンツ」の略語で、一時は繁栄していたが時代に乗り遅れてすっかり支持を失った商品やサービスのこと。

（＊11）例を挙げればキリがないので本文では触れませんでしたが、もうひとつ例を挙げれば、アメリカの映画業界も同じ。新作映画という新作映画が片端から「スーパーマン」だの「バットマン」だの「スパイダーマン」だの、半世紀以上も前に生まれたヒーローものばかりで目新しいものを生み出せなくなってきています。このまま組織改革の大鉈が振るわれないかぎり、ハリウッドもこれから衰亡の一途をたどるでしょう。

「大御所」と呼ばれた〝ご老体〟たちですが、それとて業界スタッフが「視聴率を稼いでくれるありがたい存在」としてちやほやしてきたからです。

さきほど、トランプのしでかした政変《クーデタ》まがいの煽動「議事堂襲撃事件」をムッソリーニ・ヒトラーの政変《クーデタ》に準《なぞら》えましたが、彼らもまた国民からの熱烈な支持でのし上がってきた者たちです。

ムッソリーニ・ヒトラーを熱烈に支持した国民は、自分が支持したムッソリーニが、ヒトラーが、まさかよもや自分たちを地獄に引きずり込み、祖国を亡《ほろ》ぼすことになろうとは夢にも思っていません。

まだ彼《トランプ》が1回目の大統領候補だったころなら、その大口に〝期待〟してしまったのかもしれない。

1932年当時（＊12）のヒトラーに票を入れたドイツ人と同じです。

しかし、4年の時を与えて何物も成し得なかった事実を以《もっ》てしても、彼が単なる「煽動政治家《デマゴーゴス》」だということが見抜けず、さらに4年の時を与えられても依然としてトランプ候補への支持は熱い。

このような情勢は、紀元前5世紀に絶頂期を迎えた古代アテネにも酷似しています。

「五十年期《ペンテコンタエティア》（＊13）」と呼ばれるアテネの繁栄は「煽動政治家《デマゴーゴス》」たちによって引っ掻き回されて衰亡の一途を辿《たど》ることになりました。

しかし、衰退していく只中《ただなか》にあってもアテネ市民たちは自分たちが熱烈に支持している煽動政治家《デマゴーゴス》が「煽動政治家《デマゴーゴス》」だと気づくこともなく、彼ら《デマゴーゴス》こそが自分たちを地獄に引きずり込んでいる〝元凶〟だということに気づくこともなく、アテネ滅亡のその日まで熱烈に支持しつづけたものです。

これぞ「衆愚政治《オクロクラティア》」の末路です。

――歴史は繰り返す。

今の合衆国《アメリカ》も典型的な「衆愚政治《オクロクラティア》」に落ちぶれて、いよいよ衰亡期に入ったようです。

今こそ「歴史学」が求められている

歴史を紐解けば、国家の平均寿命はだいたい「２００年」です。

３００年つづけば長期政権と言われ、５００年つづく王朝は滅多にありません。

日本では「徳川幕府」が長期政権の代名詞ですが、「２６４年」で天寿を全うしました。

（＊12）「まだ国家元首として何の実績もないくせに大口叩いていたころのヒトラー」という意。

（＊13）「プラタイアイの戦」が終わった前４７９年から「ペロポンネソス戦争」が勃発した前４３１年までの48年間。

徳川幕府と同時期の清朝もロマノフ朝も長期政権として有名ですが、どちらも「300年」前後です（＊14）。

そして合衆国《アメリカ》も建国250年に迫り、衰亡期に入っていても不思議ではありません。

しかし、その事実は我々に深刻な現実を突き付けます。

それは、「その時代を代表する覇権国家が倒れたとき、おぞましき大戦争が起こる」という事実です。

人類は、20世紀前半は2度にわたる総力戦「世界大戦」を経験して、辛酸《しんさん》を舐《な》めてきました。

その反省に立って、20世紀後半は綱渡りのような危なっかしさはありましたが、なんとか「世界大戦」を避けてきました。

しかし、それが21世紀もつづく保証はどこにもありません。

保証がないどころか、覇権国家が傾いている今、きわめて殆《あや》うい。

「弱者優先」など泰平の世の戯言《ざれごと》にすぎません。

何も考えずのほほんと生きていても、周りの人に支えられて何となく生きていけるのは「泰平の世」だからです。

ひとたび「乱世」となれば、すべての人が自分の身を守るので精一杯となり、弱者から順番に死んでいくことになります。

自分の身を自分で守る力を付けるためにはどうすればよいか。

それはつねに世界の動向に注意を払い、そこから共通点と相違点を抽出して「法則性」を見つけ出し、その先の展開を推理して事が起こる前に対策を立てなければなりません。

そして、そのために重要な学問こそが「歴史学」です。

ただし、歴史の本を読んでそこに書かれた〝知識を暗記〟することには何の意味もありません。

歴史から生きる知恵を学び取ることに意味があります。

筆者は、そうした「活きた世界史」を伝えるため、今日も教壇に立っています。


（＊14）清朝が「２９６年」、ロマノフ朝が「３０４年」です。

あとがき

――トランプ候補、狙撃される！（7月13日）
――バイデン大統領、撤退表明！（7月21日）

本書の原稿が上がってしばらくしたところで、激動のニュースがつぎつぎと駆け巡ったため、急遽《きゅうきょ》、この「あとがき」を認《したた》めています。

本文でも結論付けておりますように、こたびの大統領選は本稿が上がった6月の時点で、すでにバイデン大統領の敗勢は覆《くつがえ》しがたいものとなっていましたが、ここにきてトランプ候補が狙撃され、しかも狙撃の瞬間「たまたま彼《トランプ》が首を横に向けたことで弾《たま》が逸《そ》れた」だなんて、これはもうトランプ再選は〝神のご意思《プロヴィデンス》〟のようです。

すでに事件前から〝失言製造機《ガフマシン》〟バイデン大統領に対し、支持者からはもちろん民主党《デモクラティック》内からですら「撤退すべき」の声が上がっていましたが、バイデン本人は「断じて撤退はない」「断固として最後まで職務を全《まっと》うする」と強くこれを否定していました。

しかし、今回の「暗殺未遂事件」が決定打となったか、事件のわずか1週間後に彼《バイデン》は撤退を表明します。

こうした事情があるとはいえ、この時期に大統領の指名候補を替えるなんて、民主党《デモクラティック》にとって自滅行為も甚《はなは》だしい。

――歴史は繰り返す。

「党から正式に指名を受けた大統領候補が選挙途中で撤退する」というのは前代未聞のことですが、似たような構図はＷ《ウィリアム》・タフト大統領の2期目の大統領選でも起きています。

本文でも触れましたが、1912年の大統領選挙では現職タフト大統領の国民人気があまりにもひどかったため、党内からすら「タフト大統領では次の大統領選に勝てない」という声が強くなり、前大統領Ｔ《セオドア》・ルーズヴェルトを候補指名に推すグループが現れました。

今回の大統領選と違うところは、このときはついに現職大統領が引かなかったため、ルーズヴェルト派は新党「進歩党《プログレッシブ》」を結成してルーズヴェルトを指名、その結果、「共和党《リパブリカン》」「民《デモク》主党《ラティック》」に「進歩党《プログレッシブ》」を加えた三ッ巴戦となってしまいます。

政敵との戦いに党内が一致団結して戦わなければいけない大統領選の真っただ中で候補指名をめぐって党内でゴタつくなど、「鷸《シギ》（党内右派）と蛤《ハマグリ》（党内左派）が争っている隙に漁夫（対立政党）が利を得る（漁夫の利）」という構図となってしまうことは避けられません。

今回も投票を100日前に控えた段階になって指名を替えるというのは、タフト大統領のときと同じ致命的失態と言えます。

最後に。

歴史を学んでいると、さまざまな「真理」に気づかされることがありますが、筆者が感じたそのうちのひとつに「人は誰しも何かしら神（と称すべき存在）から〝使命〟を授かってこの世に生を享《う》けるのではないか？」というものがあります。

道徳的善悪に関係なく、歴史に大きな〝爪痕《つめあと》〟を遺《のこ》した人物を調べてみると、不思議なほど「まだ無名だった若いころから多くの命の危険に晒《さら》されながら、それをことごとく〝強運〟で切り抜けてきた」経験を持つことが多いのです。

まるで〝神の御加護〟でもあるかのように。

ところが、その人物が〝神から授かった使命〟をやり遂げると、たちまち〝御加護〟を失い、些細《ささい》な不運で呆気《あっけ》なく落命してしまいます。

たとえば、坂本龍馬《りょうま》はその生涯にどれだけ暗殺されかけたかしれませんが、そのことごとくを脅威的な強運で回避してきたのに、大政奉還が終わった直後にあっさりと暗殺されてしまいました。

まるで「〝歴史の神《クレイオ》〟から必要とされている人物」には〝神の御加護〟が与えられて何人《なんぴと》たりともこれに危害を加えることができませんが、逆に「〝歴史の神《クレイオ》〟から用済みとなった人物」は〝神の御加護〟が解除されたかの如く、これまでのしぶとさがウソのように運に見放されてあっさりと亡くなります。

今回のトランプ氏の「狙撃」が未遂に終わったのも彼の強運に拠《よ》るところが大ですが、それは、彼が神から何かしらの〝使命〟を負ってこの世に生を享《う》けたことを示唆しているのかもしれません。

とするならば、世の中は「もしトラ（もしトランプが大統領に再選されたならば）」のネガティブ面ばかりを取り上げて戦々恐々とする向きがありますが、筆者はそうした悲観論に囚われることなく、次の４年間でトランプ大統領が何を成していくのか、その〝神のご意思《プロヴィデンス》〟の真意を興味深く探っていきたいと考えています。

神野正史（じんの・まさふみ）

元河合塾世界史講師。YouTube神野ちゃんねる「神野塾」主宰。学びエイド鉄人講師。ネットゼミ世界史編集顧問。ブロードバンド予備校世界史講師。1965年名古屋生まれ。立命館大学文学部西洋史学科卒。自身が運営するYouTube神野ちゃんねる「神野塾」は絶大な支持を誇る人気講座。また「歴史エヴァンジェリスト」としての顔も持ち、TV出演、講演、雑誌取材、ゲーム監修なども多彩にこなす。主な著書に『世界史劇場』シリーズ（ベレ出版）、『最強の教訓！世界史』（PHP研究所）、『教養として知っておきたい地政学』（ナツメ社）、『「移民」で読み解く世界史』（イースト・プレス）、『「覇権」で読み解けば世界史がわかる』（祥伝社）、『ゲームチェンジの世界史』（日本経済新聞出版）などがある。

■装丁　大場君人

教養《きょうよう》としてのアメリカ大統領選挙《だいとうりょうせんきょ》

発行日　2024年　9月30日　　第1版第1刷

著　者　神野《じんの》　正史《まさふみ》

発行者　斉藤　和邦

発行所　株式会社　秀和システム
〒135-0016
東京都江東区東陽2-4-2　新宮ビル2F
Tel 03-6264-3105（販売）Fax 03-6264-3094

印刷所　三松堂印刷株式会社　　Printed in Japan

ISBN978-4-7980-7311-8 C0030